魔法妈妈的神奇密码

嘉悦亲子高效陪伴手记

秦嘉悦 /著/

上海三联书店

图书在版编目（CIP）数据

魔法妈妈的神奇密码：嘉悦亲子高效陪伴手记 / 秦嘉悦著 . -- 上海：上海三联书店, 2021.3
ISBN 978-7-5426-7344-2

Ⅰ. ①魔… Ⅱ. ①秦… Ⅲ. ①家庭教育 Ⅳ. ① G78

中国版本图书馆 CIP 数据核字（2021）第 036627 号

魔法妈妈的神奇密码：嘉悦亲子高效陪伴手记

著　　者 / 秦嘉悦

责任编辑 / 张静乔
选题策划 / 若明诸　王博文
监　　制 / 姚　军
责任校对 / 张大伟　王凌霄
责任印制 / 李保祥

出版发行 / 上海三联书店
　　　　　（200030）中国上海市漕溪北路 331 号 A 座 6 楼
邮购电话 / 021-22895540
印　　刷 / 河北文福旺印刷有限公司

版　　次 / 2021 年 4 月第 1 版
印　　次 / 2021 年 4 月第 1 次印刷
开　　本 / 710×1000　1/16
字　　数 / 130 千字
印　　张 / 14
书　　号 / ISBN 978-7-5426-7344-2/G · 1591
定　　价 / 46.00 元

敬启读者，如发现本书有印装质量问题，请与印刷厂联系 010-63275036

序言
PREFACE

你也可以成为"魔法妈妈"

培养孩子是家长们永恒的话题,怎么说也说不透;但在亲子教育中,似乎也没有适合任何孩子的唯一正确方法。不少父母,望子成龙,望女成凤,呕心沥血,似乎倾注了所有的爱,却收效甚微,甚至适得其反。但也有"别人家的父母",他们似乎具有某种魔法,能为孩子营造一种轻松的成长氛围,取得孩子的信任,成为孩子的知心朋友,成为孩子成长路上成功的引路人和陪伴者。

嘉悦女士就是这样一位"魔法妈妈"。

嘉悦是一位全能型的成功女性。她办过企业,做过主持,擅琴棋书画,也谈经论道,爱阅读,喜分享,行走过国内外上百个城市,是一位懂生活、懂人生的女士。

嘉悦更是两个女儿的妈妈,是一位真正懂孩子的母亲。十多年来,她用自己独特的方法,培养出了独立自主、性格平和、真诚善良、多才多艺且成绩优异的孩子。由此,她也就顺理成章地成为了很多家长和孩子眼中的"别人家的妈妈",别人家的"魔法妈妈"。

很多人都想知道嘉悦的魔法。嘉悦的魔法是什么？

也许是"厘清"。嘉悦说，你需要清晰地知道自己想给予孩子最真实的是什么，你要厘清你想要的；你不能固守别人给定的育儿定义，要抛弃你期望的理想状态，去寻找适合自己孩子的最佳办法。

也许是"平视"。美国著名海洋生物学家蕾切尔·卡逊有个经典判断——若要孩子保持生就的好奇心，至少需要一个能够与他分享的成年人。在孩子面前，嘉悦女士就是这样一位成年人。她俯下身子，温润如玉，用平视的视角与孩子对话——倾听、回应、分享。

也许是"生活"。当有人问嘉悦，独自一人既要创业又要培养孩子，还要保持个人成长的秘诀时，她的回答是："做妈妈首先要懂得拥有自己的生活，孩子自然会被吸引。"的确，"你站在桥上看风景，看风景的人在楼上看你"。真实的生活情景，也许是最好的教育。

也许是"陪伴"。嘉悦陪着孩子读书，陪着孩子旅行，陪着孩子运动，甚至陪着孩子玩游戏。其实，她不仅仅是用时间陪伴，她在陪伴中交流，在陪伴中分享，更是在用心陪伴。

也许是"心的交流"。嘉悦母女曾经有一次这样的对话。女儿说："你从来都不给我建议，也不盯着我写作业，仅仅就是提了一些问题，有时还什么都不说，就是看着我，我就自问自答地知道自己要做什么了。而你看起来什么都没有做，我就乖乖地自发去做了你想让我做的事情。"嘉悦笑笑说："因为那也是你想做的事。"女儿说："嗯，所以我才觉得好神奇，你真是一位有魔法的妈咪！"什么也没说，但，母亲心在说，孩子的心在听。

要从嘉悦的育儿宝典里提取关键词，还可以提出很多，但无论怎么提取，都会过于抽象，最好的办法是走进她的育儿场景。这本书，嘉悦用素描的方式描述了自己和孩子之间发生的真实故事，还原了一个个鲜活的沟通场景。

坦率地说，书中所涉育儿理念，既有与传统观念"相契"的一面，也有与惯性思维"博弈"的一面，而有些理念甚至是颠覆性的，但仔细想一想，这些又是符合孩子成长规律和生活常识的。而作者将企业思维与传统智慧结合起来，并成功运用到小孩的教育中，更让你不得不赞叹，这是一位智慧的母亲。这也许得益于嘉悦丰富的经历，开明的思想，开阔的思维和广阔的视野，但更得益于嘉悦作为一个母亲的真诚的心。

只要是真正的心灵陪伴，你总能找到与孩子交流的适当方式，也总能提示孩子找到应对困难的简易方法。只要是真正的心灵陪伴，也会让你成为"魔法妈妈""魔法爸爸"，也容易让你与孩子的生命呈现出更流动、更有趣的状态。

愿这本书的出版，能成就更多的妈妈和孩子。

是为序。

若明诸

2020.06.01

目录 Contents

第一章
打破惯性思维，陪孩子守住天性

在孩子成长的路上别给孩子指错了方向，家长刻意按自己的节奏打破孩子的成长规律只可能是两败俱伤。

尊重孩子的个性成长，要懂得呵护孩子的天性，疏而不堵，打破惯性思维，才能最大限度地保护孩子的创造力和想象力。

part 1 陪着孩子玩游戏——欲堵先疏，参与到孩子的游戏中
　　妈妈打通关了 / 002
　　如何让游戏"不攻自破" / 006
　　围观不如"有福同享" / 011

part 2 做个"静待花开"的家长——养成好的学习习惯
　　好习惯从"无"中生"有" / 015
　　写作业不用"盯" / 017
　　"磨"出来的时间画钟 / 022

part 3 是谁定义了孩子的未来——鼓励孩子为各种理想努力
　　独木桥不是唯一的路 / 027
　　在丰满的理想中遨游 / 030

part 4 学艺术？还是美丽的负担——不在艺术培养上定规矩
　　平息艺术之路的硝烟 / 035
　　墙面上的杰作 / 040

高效陪伴——如何让自己走出固有思维模式？ / 045

第二章

学做智慧家长，陪孩子共同成长

父母在子女成长中起着至关重要的作用，父母的局限性也会影响孩子未来的发展。要想当好孩子的家长，就要学会做一个有成长型思维的家长。不要在意别人的眼光，学会照顾孩子的感受，让孩子在无条件的爱中滋养，成为一位有智慧的家长。

part 1 不要成为孩子成长之路的"绊脚石"——培养自信自立的孩子

　　孩子不是你的续集 / 048

　　变"否定"为"肯定" / 052

　　两套标准听谁的 / 056

part 2 让孩子的话再"飞"一会儿——耐心聆听，让孩子充分表达

　　你是好听众吗？ / 059

　　感受四元钱的爱 / 064

part 3 有梦想让我们去试试——做孩子学习的榜样

　　"一目了然"的榜样 / 069

　　后天基因一样可以"遗传" / 073

part 4 "高价"的欢乐时光——有品质的陪伴孩子

　　妈妈在哪里，哪里就是家 / 078

　　"关怀"还是"照顾" / 082

高效陪伴——如何让接纳成为一种习惯？　　086

第三章

爱的家庭关系，陪孩子享受过程

家庭是孩子最好的学校。家长的一言一行都在为孩子"打样"，孩子是最好的复印机。你的无意识行为会潜移默化成为孩子日后的行为规范，影响孩子的一生。

part 1 **大声说出你的爱**——表达爱，感受爱

　　我的爱都"打结"了 / 088

　　和恐惧做朋友 / 093

part 2 **一碗水，你端平了吗？**——多子女家庭父母爱的分配

　　爱的失衡，谁的错 / 099

　　姐姐最好的"生日礼物" / 102

　　家长不做拯救者 / 106

part 3 **思想和脚步总有一个在路上**——带孩子读书和旅行

　　陪孩子寻找书中的世界 / 110

　　用脚步丈量生命地图 / 114

高效陪伴——如何让你的爱不"越界"？　　120

第四章

养成优秀品格，陪孩子一起善良

我相信"人之初，性本善"。这个"善"不仅仅是我们现在意义中的善良，这个"善"是一种圆满。孩子原本具足的一种能量、一种与生俱来的高贵品格，我们要好好保护孩子的这份品格，让这样的品格守护孩子一生的圆满。

part 1 守护孩子的品格——处理自己和伙伴们的关系

　　我该无私吗？／122

　　和"小霸王"做好朋友／127

part 2 "狼来了"的后遗症——有诚信，不要哄骗孩子

　　"谎言"成真的鹦鹉／131

　　三个理由的规则／135

part 3 "铜臭味"其实并不臭——树立孩子正确的金钱观

　　妈妈欠我一元钱／141

　　两姐妹的"小金库"／146

高效陪伴——如何建立孩子的安全感？／153

第五章

活用企管思维，陪孩子做好自己

> 对孩子的教育，家长要"以身作则"。我在既创业又培养孩子，还保持个人成长中，不断地摸索和平衡，用企业管理思维自创了属于自己的"个性"教育理念。

part 1 构建新的家庭管理系统——家庭关系变得和谐有趣味

　　难吃就朝"北"吃 / 156

　　当"乔·哈里视窗"照进我家 / 162

　　"请勿打扰"的界限 / 171

part 2 建立自己的 PDCA 学习系统——注重成绩，还是注重成长

　　穿上"学霸"的外衣 / 177

　　万一我考了零分 / 186

part 3 用 GROW 模型做好情绪管理——家长和孩子的情绪管理方法

　　"坏"老师不可怕 / 193

　　妈妈的脾气是草莓，还是苹果 / 202

高效陪伴——如何活出孩子眼中的风景？ / 208

后记　平凡中的不凡 / 209

第一章

打破惯性思维，
陪孩子守住天性

在孩子成长的路上别给孩子指错了方向，家长刻意按自己的节奏打破孩子的成长规律只可能是两败俱伤。

尊重孩子的个性成长，要懂得呵护孩子的天性，疏而不堵，打破惯性思维，才能最大限度地保护孩子的创造力和想象力。

part 1

陪着孩子玩游戏
——欲堵先疏，参与到孩子的游戏中

妈妈打通关了

孩子的天性就是"玩"，在玩儿中认识这个世界，当然也包括打电游。这一代的孩子，是电子产品的土著民族，对于我们生活在农耕、工业时代的家长们，自然会有些格格不入。但这本就是这一代孩子的生命状态，我们应该去接纳并陪着孩子一起接受这些事实。

打游戏是孩子们的天性，而制止孩子打游戏，好像是每位家长的天职。游戏，成了一个"楚汉交界"之地，分割了成人和孩子的世界。

我认识电子游戏也是托女儿的"福"才了解的。

记得有段时间到幼儿园去接羽毛儿放学，回来的路上羽毛儿总是很兴奋地问我一些莫名其妙的问题："妈咪，什么是妖……"

我："……"

羽毛儿："妈咪，魔又是怎么形成的？它们住在哪里？"

我："……"

羽毛儿："妈咪，神仙都会飞吗？可我怎么没有看到，在哪里能看到？

第一章　打破惯性思维，陪孩子守住天性

他们为什么可以骑着剑飞？"

我："……"

羽毛儿："妈咪，你见过僵尸吗？为什么植物可以把它们打死？"

我："……"

我怀疑幼儿园都给孩子们教了些什么，后来问羽毛儿，才了解到，这些都是电游中的人物和角色，是幼儿园小朋友们口中的热门话题。我原本也想制止孩子玩儿，但考虑到，孩子天生有着很强的好奇心，她毕竟有了解的途径，这些内容想堵是堵不住的。这让我想到了大禹治水的理念：治水须顺水性，疏而不堵。

既然要疏而不堵，那么我就应该允许孩子玩儿，自己正好也可以多了解孩子的世界，这样可以用孩子能懂的方式去和孩子解释游戏中的人物和内容，尽量做正向的引导。想到这里，我就买了两款游戏陪着孩子一起玩儿。

羽毛儿看我对玩游戏这事儿不但不阻止，还买来游戏陪着她玩儿，乐坏了，眼睛一下就放光了。那些在同学们口中的人物，立刻就跃然眼前了，这让孩子兴奋不已。我在启动游戏前，和孩子们商量好了游戏规则，和每日玩游戏的时长，孩子们愉快地答应了，毕竟有得玩儿，先答应再说，孩子也是很有智慧的。

就这样，每天从幼儿园接回羽毛儿，就有这样的一幕在我家上演：三人围坐电脑前，六目聚焦，精神紧张，盯着荧屏，然后突然一个声音喊着："妈咪，快打，又出来妖怪了！"又一个声音出来："哎！又死了，没有关系，妈咪，再来！"就在孩子们这样的"鼓励"下，我继续一道道通关打怪。

在打游戏的过程中，我发现有时真的不能怪孩子控制不了时间，有时一个环节没有打完，确实没有办法中途喊停，那感觉好像是洗澡刚洗到一半，

全身泡沫还没有冲，就让你停止洗澡一样。因为有了这个经验，后来我在规定孩子自己打游戏的时间上，就会让孩子自己控制以一个章节或者一条"命"来划分时间，有时看到孩子没有办法及时按时退出，要么我承接继续帮她打完这个回合的游戏，要么会看下大概打完这个环节还需要多久时间，然后给些富余的时间，让她打完这个环节再退出。

所以在玩游戏时间控制的问题上，我们还算比较和谐，没有因此发生过争执或者不愉快。

孩子们其实很守规则，当规则制定好后，过程中没有办法执行的地方，会主动找我协调，有个别的时候，孩子确实是忘记了时间，这个也很难免，我就会提醒孩子可以设定个闹钟，孩子就会真的这么去执行，闹钟响了就会收起电脑不玩儿了。

在这个过程中我们经历了游戏中的"六道轮回"，我也明白了游戏中所说的妖、魔、仙的概念指的是什么了，在玩儿的过程中就用孩子能懂的方式来类比帮助孩子"答疑解惑"。

在玩《植物大战僵尸》的游戏中，我发现孩子的洞察力真是很强。我在打这款游戏的时候，就只是单纯地知道我要种一堆植物把一堆僵尸打死，一个很无聊的过程。但要种多少植物、打死多少僵尸、怎么打死一点儿概念都没有，反正我知道最终目标就是打死全部僵尸就可以了。

当我这么乱打一通之后，羽毛儿就开始指挥我了。

"妈咪，这一关有120个僵尸，有12种不同的种类，其中有一种僵尸的速度快，你要小心。"

我看着屏幕很诧异，找了半天也没有看到羽毛儿说的这段文字，我们看的是同一个画面，但我一点儿没有从这个画面中读到羽毛儿刚才给我的那些信息。

我张大嘴巴问:"宝贝儿,哪里写着呢?妈咪怎么没有看到?"

羽毛儿用小手指着画面里的那一堆僵尸说:"就是这些呀,妈咪,你看,他们每个僵尸都不同的,一共有12种不同的样子,你看这个头上戴的是三角帽子,它要发射24颗豌豆才能打死。这个头上戴铁桶帽子的最厉害,要发射40颗豌豆才行。还有这个看报纸的,如果你把它手里的报纸打掉了,它的速度会一下快很多……而且每个僵尸的背后都有10个一模一样的僵尸出现,刚才你打的时候,我数了的。"

这时我才注意到每个僵尸的装扮不同,我刚开始以为就是为了美观,给僵尸弄成不同的样子而已,没有想到每种僵尸的特点和打法还不同,这点竟然让站在身边这个不到六岁的孩子给我指出来了。羽毛儿还告诉我每种僵尸的装扮不同,代表它们行走速度、防御功能、特点都不一样,需要制服它们所用的植物也不一样。

我好奇地问她还观察到了什么。

羽毛儿说她还观察到了,向日葵每摇晃六下头就会吐出一个50的"钱",每摇三次,天空中会掉下一个50的"钱"。第一个出场的僵尸走9步刚好一个土豆地雷就可以启动,在草地上是三个格子的距离。这个时候我才发现我眼前一片的绿色草地是有暗色格子的。

羽毛儿继续说着:"土豆地雷最便宜,用25个阳光就可以换来,可以放在离僵尸3个格子的地方(就是僵尸刚好走9步的位置),这样地雷就不会被僵尸吃掉,而且刚好能在僵尸走到的时候启动炸掉僵尸,但是有一种僵尸要注意,它长得和佩戴得和普通僵尸一模一样,只是舌头动的速度比其他僵尸快,走路速度也会快一倍,所以这个僵尸是要走18步土豆地雷才能启动,所以遇到这个僵尸就要用豌豆射手了,要不就要把土豆地雷种到第六格的位置,不然就会被僵尸吃掉……"

我听了直咋舌，在我一通乱打的背后，羽毛儿竟然看出了这么多细致入微的游戏设计，这让我对孩子玩游戏这个事情刮目相看。说真的，自从羽毛儿和我讲完对僵尸的辨认后，我很认真仔细地辨认了这些僵尸，但许多回都没有找到羽毛说的那个舌头速度快的僵尸，因为一打就手忙脚乱，最后就拜托羽毛儿在那个僵尸出来的时候务必告诉我，我好见识一下。

就这样，姐姐羽毛儿成了我的"诸葛亮"，在旁边给我指挥，妹妹雨点儿成了啦啦队员，给我鼓劲，我执行着打游戏的每一关任务，偶尔简单的关她们也会自己尝试操作。

在和孩子一起打游戏的过程中，我发现孩子玩游戏并不仅仅是单纯的玩儿，她对游戏是有自己的理解和观察的。只是游戏设计上会环环相扣，总是以一种未完型的状态来抓取孩子的心，使得游戏有它独特的诱惑力，让孩子不能自拔。

如何让游戏"不攻自破"

《植物大战僵尸》这款游戏打通关之后，抓住孩子心的就是每日的签到和植物的升级。这个时候羽毛儿已经上学了，每日要写作业，要上课了，她自己也很纠结，觉得好像每日都要牵挂着必须要签到领取奖品，很耽误时间，但不这么做，植物又无法升级，自己也很不甘心。我看到这个情况，就问她是不是只要每日签到领奖品，就可以不牵挂游戏了。

她说是的，其实她就是只想升级，看看升级后的植物是什么样子的，并可以在周末玩一会儿，并不想在上学的时候总惦记着游戏。

我听羽毛儿这么说之后，问她如果把这个任务交给妈妈，会放心吗？

羽毛儿听了非常开心，表示如果让妈妈来做这个任务，她可以很安心，因为妈妈比她有责任心，打游戏现在又是"高手"。就这样，我每日负责帮孩子签到领取奖品升级植物，而羽毛儿则安心学习，周末的时候看看我认真完成的任务，也欣赏下升级后的植物。就这样，羽毛儿渐渐不再惦记游戏的内容，直到有一天她忘记了这个游戏的存在。

这之后也会有新的游戏在我们家时而出现，时而消失。对于其他同学再有玩什么游戏，她们也觉得基本上属于"换汤不换药"的游戏类型，也没有那么新奇了，只是偶尔下载来玩玩儿，可有可无的状态。我也从来没有因为她们上学还玩游戏而训责过她们，因为她们已经清楚她们在游戏中要获得的是什么，每日的游戏规则要怎么设定，当她们对新游戏的好奇心被满足后，就不会再玩儿了。

记得有一次受邀去朋友家，刚好看到朋友的孩子在玩《仙剑奇侠传》，朋友气得和我抱怨说这个孩子玩游戏太入迷了，什么都听不进去，就天天打游戏，拿孩子没办法。

《仙剑奇侠传》属于RPG（角色扮演类）游戏，这种游戏的特点是你是游戏中的主人公，在游戏中体验做主角的滋味，这个主角一般一开始是个小混混（属于平庸脆弱小人物的特点），后来通过在游戏中有一些奇遇，就组建了三五人的团队，团队里的人都是牛人，各路英雄都听你的指挥，最后你摇身一变成为了游戏中的救世英雄，在过程中不断地打怪升级，每个环节的BOSS，都是你刚好能够着又很费劲才能打死的那种，最后有个超级难打的大BOSS，打过后有段美妙动画播放，算是对你打赢游戏的奖励。游戏的设计特别符合大多数人的心理需求。

我听朋友这么说，就主动凑过去看男孩儿打游戏，男孩儿大约十岁光景，正趴在电脑旁紧张激烈地打一个通关BOSS。我看他并没有怎么掌握技巧，人物等级也不高，几次都没有打过关，正着急头疼中。

这款游戏我陪羽毛儿玩过，也算是"过来人"，看到正头疼的他，我就略微指点一二，果然通过我的方法，他过关了。男孩儿很崇拜的眼神看着我说："高人啊！"我得到了这个孩子的信任后，就开始和男孩儿聊了起来。我并没有想着说教或者制止他玩儿，而是和他交流起我打这款游戏的经验来。我告诉他这款游戏的一些关键点，到了哪里需要有哪些技巧，人物要如何搭配更有效，哪个物资更好用，要如何配备，兵器和魔法如何练得，在什么地方会有什么样的任务开关，在哪里会有神秘的物资可以买到，一定要记得凑齐哪些物品才可以获得最大效果等等，男孩儿听得一脸崇拜又一脸茫然。他说他要是忘了怎么办，他可能没有能力凑到那些物资，也不会像我说的那么有技巧地去组织战队……

听他说到这里，我问他："那你想让自己'无敌'吗？"

男孩儿的眼睛一下瞪大了，说："还可以这么操作？那太好了！"

我告诉他，我可以帮他把所有的人物都升级到最高等级，所有的神秘物资不用去找，就都在你的物资库里，而且怎么用都用不完，可以有花不完的钱，男孩儿听了特别兴奋，央求我赶紧给他修改。帮男孩儿改完游戏后，我就继续和朋友聊天，而男孩儿继续打游戏。我们聊天过程中时不时听到男孩儿发出"太酷了""太赞了"的声音。

朋友听到后有些坐不住了，责备我，不但不帮她劝阻孩子打游戏，竟然还帮忙孩子修改游戏，这让孩子一下就又兴奋地沉浸在游戏中，这更没有办法自拔了。

我笑笑说："你最近不用管他打游戏，就让他打，这款游戏我估计再有不到3个小时，他就可以打通关，等他通关了，他就不想玩儿了。"这回轮到朋友很诧异地看着我了。

我和她解释道:"这类游戏抓住孩子的是那个未完型的挫败感,所以孩子在打的过程中要不断想办法去打小怪'磨练'自己,让自己升级,在这个上面会耗费很多时间,让孩子惦记,但整个游戏的过程时间并不长,长在这个游戏会让你不断去'磨练',让你总也过不了关。当你把人物的等级升到一下就可以把BOSS打死了,他就不需要花时间去'磨练'自己了,自然很快就打完,未完型的吸引也会因此而消失,所以他会对此类游戏失去兴趣。"

过了不久,朋友果然打电话给我说,太神了,孩子不玩游戏了,而且说这游戏想起来就觉得没有意思。

其实陪着孩子一起玩游戏并不是什么要命的事,在游戏的过程中,我不但收获了孩子玩游戏的好习惯,还获得了孩子的信任,观察到了孩子玩游戏的心理和关注点,发现了是什么原因使得游戏抓住了孩子的心,有利于我可以根据实际情况协助孩子调整,也让孩子感受到了我真心的陪伴。过程中我并不干涉她们的好奇心,不评判她们的游戏心情,没有在游戏的这件事上"堵"过她们的路。还会花钱买她们想要的游戏陪她们玩儿,所以她们对于玩游戏这个事情会觉得,反正什么时候想玩儿,妈妈都会支持,我可以暂时不碰,先做好自己需要做好的事情,因此,羽毛儿、雨点儿对游戏这个事情没有上瘾情结。

在孩子玩游戏的过程中,我没有苦口婆心的劝慰,指责谩骂,就是自己陪着孩子去体会了这个过程,更能同理孩子玩儿游戏的状态,从根本上解决了孩子对游戏的态度问题。

减少了电游的时间,羽毛儿、雨点儿自然会找到一些其他的游戏来玩儿,比如"飞花令""24点"这类的游戏。妹妹小雨点儿超级喜欢"飞花令"的游戏，常常让我这个觉得自己诗词量还可以的妈接不上来，要重新背古诗，有时我出门和朋友聚会带上她，她也会找我的朋友们玩儿，直到玩儿的大家词穷。

姐姐小羽毛儿最爱"24点"（是用扑克牌任意抽四张，双方一人两张，然后用加减乘除等运算，把牌面的数字算出24的结果来），她的"24点"水平可以说是无敌了，我以前玩"24点"也是一把好手，现在却每每败在两个孩子的手下，我发现孩子的思维很扩展，我玩"24点"只知道用牌面上整数的部分加减乘除，而羽毛玩这个游戏是用上自己所有学过的数学理念，可以用到小数点、开根号等的算法，脑子实在太快了，我基本上就只剩下摆牌的份了，一摆出来，她的答案就直接脱口而出。在学校她和同学们玩这个游戏，也基本上是一人敌三人。

羽毛儿还发展出了"盲玩儿"的方式，就是我们在自驾的旅途中，我开车在路上，她就让我们四个每人说出一个数字来，当成牌面，然后我们根据说出的数字来"盲算"，我一般说出数字也记不清楚彼此的数字是什么了，结果孩子就能很快的在脑中排列组合，讲出解题思路和算法。

孩子的创意思维真是无处不在，玩"24点"的花样也是层出不穷。

记得有一次带两个宝贝儿去看电影，要等一个多小时电影才开演，我就买了一大桶的爆米花给孩子们吃，没有想到两个宝贝儿拿着那桶爆米花，闭着眼睛，四只小手抓出不同数量的爆米花，然后翻过来，数好每个手上的数字，刚好四只手当四张牌面，用手上"盲抓"爆米花数量当数字，玩起了"24点"，谁先算出来，谁就把手中的爆米花吃掉。就这样，两个宝贝儿快乐地吃完了那桶爆米花，还玩了"24点"的游戏。

围观不如"有福同享"

对于孩子的"游戏活动"我都会尝试着参与，尽可能地从孩子的角度去体会。记得有一次我带羽毛儿去商场，孩子头一次见真冰滑冰场，很新奇，就想去玩儿。我去前台咨询了情况后，给孩子请了个私教带着羽毛儿进了真冰滑冰场。教练时间结束后，就剩羽毛儿在溜冰场上自己滑圈圈，头一次的学习，她还掌握不到太多技巧，总是东倒西歪，一边滑一边手扶着旁边的扶手，感觉很无助的样子，我询问羽毛儿要不要今天就到这里，羽毛儿摇摇头，表示还想继续玩儿。我就继续在看台上坐着当观众，我自知对此一窍不通，只能在外围观。

这时一个声音打破了平静，"放开手啊！咋那么笨呢！快点滑，别耽误时间。"我顺着声音望过去，是一位妈妈在说场里的一位和羽毛儿年纪相仿的女孩儿。我看到羽毛儿也被这声音吸引，并惊恐地看着她，仿佛自己也一起受到了指责。我知道羽毛儿是个同理心很强的孩子，怕她会因此自责耽误我的时间，我就决定自己也进场去陪她，我又跑到前台，去买了张入场券，穿上冰刀下场了。羽毛儿看到我也穿着冰刀下场特别兴奋，目光追随着我，看我吃力地一点点儿抓着溜冰场边缘的扶手艰难地移到她的身边。羽毛疑惑地问我："妈咪，你会滑吗？你咋也下来了？"

我笑笑对羽毛儿说："妈咪也是头一次滑，既然宝贝儿那么喜欢，妈咪也一起尝试一下好玩儿的东东，这叫有福同享。"

羽毛儿看到有我陪着，她轻松了许多，当她知道我也是头一次穿冰刀，就很努力地把刚才教练讲的要点都一一讲给我听，很担心我摔跤的样子。

我谢过羽毛儿说："那我们就一起去发现如何能掌握到更好的平衡，然后彼此交流怎么样?"羽毛儿愉快地点点头,我们就分头去滑。

在滑的过程中,我发现溜冰看起来很潇洒,自己滑起来真不是那回事儿,首先,需要很厚的袜子,不然这鞋很硬,对于脚踝的部分会磨得很疼;其次,脚部的用力点一定要在中心的位置,如果有"内外八字脚"的习惯,还需要更多的矫正受力点才行,看着孩子们和教练在场上自如滑翔的样子,自己练起来,真不是那么容易的事儿。

我一边滑一边体会,总结出我自己感受到的经验和羽毛儿交流,让她也按我说的方式体会一下,羽毛儿也会和我交流她在快要摔跤的时候,两个脚如何形成一个"八"字型,就能更稳,不至于摔倒和她如何松开手尝试不依赖扶手。我们就一边探索一边交流一边滑,不到一个小时,我们两个人都能松开扶手在场内顺时针地滑了起来。

小羽毛儿自己会滑了之后,还滑到那个刚才被妈妈责备的小女孩儿身边,把我们两个一起总结的一些方法告诉那个小女孩儿,拉着她的手鼓励她一起滑起来,那个小女孩儿在羽毛儿的鼓励和指导下,很快也能松开手大胆地滑了起来,我看两个小伙伴很快就成了好朋友,手拉手的在场里自由地来回滑翔,我就悄悄下场给孩子买厚袜子去了。

羽毛儿和雨点儿的游泳也是在我的陪伴下一起学会的,记得小雨点儿两岁的时候看着姐姐下水游泳心里痒痒,坐在水边又着急又害怕,我就背着小雨点儿让她骑在我的肩膀上,她高高在上,两个小胳膊紧紧抱着我的脖子,忐忑又兴奋地和我一起下了水,在水里我模仿着多莉(海底总动员中的角色)的声音唱着电影里的歌词"我们一起游、一起游、一起快乐地游",小雨点儿渐渐地放松了下来,然后从我的肩膀上下来到我的怀里,我两只手拉着她的两只手,中间形成了一个圆圈,她很快乐地在水里扑腾,这时姐姐羽毛儿时不时地从我和雨点儿中间的圆圈中冒出来,雨点儿看到姐姐羽毛儿就又兴奋地发出"咯咯咯"的笑声,就这样,两个小家伙在这样的游戏下学会了游泳。

孩子们总是能玩儿出花样、玩儿出创意,在游戏中获得快乐,我也很欣慰,孩子们在我的陪伴下发现了比电游更有意思的游戏,自然就会疏远电子游戏。有的家长可能会说,那是你家孩子乖,我们家孩子可没有那么好哄,就是沉迷于电游中不可自拔。

如果是这样,我想先请家长看看自己的家庭关系是在一个什么样的状态中,对于教育孩子的态度是积极的还是冷漠的,是经常指责抱怨孩子,还是有想办法去解决问题?在夫妻关系中是不是处于一种彼此逃避不面对、冷漠的状态,或者动不动就吵架,有时还会迁怒于孩子。如果是这样的话,孩子沉迷于游戏其实就是一种脱离现实的逃避现象。

家长要了解打游戏上瘾是麻痹自己的一种表现,如果一个家庭夫妻的关系不好,孩子自然会不受重视,所有的情绪和能量都用来和对方对抗了,就很难看到孩子的存在,或者说孩子此时可能对你们来说成了情绪的发泄桶。而孩子会习惯性把自己放到一个帮助者的身份去看待自己的父母,在过程中,孩子无法实施帮助者的身份,并且总在过程中受挫,找不到自己的安全位置,感觉自己在这个家庭中很不重要,孩子就会选择逃避在游戏中。

前面有说到,游戏的设计让孩子可以成就自己的英雄梦,可以让他们在游戏中有控制权和发言权,一个弱小的自己可以去指挥游戏中的各路英雄,而且游戏允许失败,不行了可以随时重新来过,也不需要受到指责和谩骂,自己不喜欢可以删除选择另一款游戏来玩儿,自己不喜欢的人物角色可以不带他出征;对于在线网络游戏,还可以随便说话,家长不允许说的话,都可以在这里宣泄出来,反正大家都不知道角色背后真实的样子,可以随意伪装成不同的角色来满足内心的各种需求;游戏中又有对人性中"未完型"的一种设计诱惑，孩子自然会沉迷在游戏中不可自拔。

家长如果没有让孩子感受到爱，感受到他们的价值或者被尊重，并且没有更好的方向去引导孩子玩儿，只是不允许孩子做什么，没有告诉孩子可以做什么，那么让孩子如何来选择呢？

指责抱怨谁都会，但引导找方法却是需要爱和耐心的。家长在抱怨孩子不听话沉迷游戏的时候，应该先看看自己为此做过哪些努力，自己是否可以停止抱怨而真正地想想能从哪个切入点入手，让孩子从游戏中抽离出来。如果自己就在逃避现在的生活状态，需要先调整自己的状态，让自己不去逃避冲突，学会主动面对。

如果孩子已经形成上瘾型人格，那么你更应该花更多的努力和方法去试图改变这一切，而不是只对孩子发火对自己叹息。毕竟"冰山"不是一天形成的，要想融化需要付出更多的努力。

既然在孩子成长的过程中家长曾经缺失过耐心和陪伴，那就多花些时间去真心陪伴，虽然我不能说我陪着孩子玩游戏的方式就是最好的解决之道，但我至少作为一个家长去尝试了、去努力了，孩子至少看到了我为此付出的爱，付出的努力，她们感受到我的陪伴是安全的，是重视她们的，在她们成长的过程中，妈妈并没有缺席，在这个过程中，我自己也不觉得委屈，因为我陪着孩子玩儿的时候，感受到了她们的快乐和幸福，这个快乐也感染了我，让我共享了她们的幸福喜悦。

做个"静待花开"的家长
——养成好的学习习惯

好习惯从"无"中生"有"

常被家长问到要如何培养一个孩子的好习惯？在这些家长口中，睡懒觉、不按时喝水、不吃有营养的食物、写字笔画不端正、做事总拖延、忘性大、交代的事情总记不住等等，都成了家长眼中严重的坏习惯问题。

看得出来，这些问题，也确实困扰着各位家长。因为一说起这些来，我能从这些家长的脸上读到他们内心的无力感。

确实，在大多家长眼里孩子都是需要大人盯着才能把一些交代的事情做好，一刻都不能分神。做家长的每天都为这些重复的事情在和孩子们斗智斗勇，每日催促唠叨下都没有办法改变现状，而且愈演愈烈，让各位家长特别头疼的是：想成就孩子一个好习惯，自己费尽心机却收效甚微。觉得自己已经仁至义尽，做了一个家长该做的所有努力，到最后都是无能为力。

每次我听到这样的家长询问，更心疼的是那些孩子们。家长在用自己的思维定式去改造自己的孩子。定义了什么是好习惯和坏习惯，定义了什么是该与不该，让孩子在家长的思维中塑造那个自己想象中的孩子，而没有尊重孩子本来的样貌和发展。

　　一般家长在给我投诉自己孩子的"不良"习惯时，我总是会追问一句：如果不养成这个习惯会怎么样呢？大多数家长给我的理由是：如果孩子这个习惯不养成，就会影响到他上小学，上小学如果还不能养成就会影响到初中、高中以至大学，最后到谈恋爱，直至说到影响孩子的一生好像都还意犹未尽。

　　我只能说这些家长想太多了。我们现在每个成年人也没有哪个因为才几岁的时候没有养成按时喝水的习惯，影响了我们现在的身体健康状况，也没有因为不好好吃饭就活不到今天，也没有因为睡过懒觉就对自己的人生产生重大的影响。

　　对于这些家长的回答，我只能说：忘记你认为孩子没有的那个好习惯上，忘记这个事情本身，就已经在推动孩子的习惯良性发展了。

　　如果你花了太多的时间关注在你以为的好习惯上，那么终究你浪费了自己和孩子的时间，更耽误了孩子自主养成好习惯的最佳时间。在孩子成长的路上，请允许孩子慢慢成长，别给孩子指错了方向。要知道，孩子有自己的成长规律，家长刻意按自己的节奏打破孩子成长的规律，带来的只可能是两败俱伤。

　　这让我想起道德经里的一句话："无，名天地之始；有，名万物之母。故常无，欲以观其妙；常有，欲以观其徼。"我们常站在"无"的立场，就可能观察到宇宙天地如何变化的玄妙。常站在"有"的立场，就可能发现宇宙万物看得见的部分的变化。"有"和"无"这两者本是相同并相通的。

　　作为家长，我们要先站在"无"的状态去看孩子的发展，就可以观察到孩子按他原本的自然规律发展出"有"的玄妙。要让孩子的习惯从"无中生有"，而不是强加"有"的习惯到孩子身上。

这里所说的"观察"和"看",不仅仅指用眼睛看,也不一定是真的要让你看见,而是透过我们的内心体验,这样看到的,往往比眼睛看到的要清晰明白得多。

其实,我不明白的是,孩子都还那么小,为什么要给孩子立那么多规矩和给孩子那么多的限制。这样还怎么让孩子用自己的方式来感知这个世界?孩子所有的视角都是家长视角以内的范围,外面的视角全部被封上封条不允许接触。家长在"我是对的"框架中构造了一个牢笼,不但关住了自己,还锁住了孩子。

在这样的牢笼中,孩子的世界只可能比家长的世界更狭小。而当孩子接触到了家长给予的世界以外的信息,回来和家长分享,这个世界还有自己不知道的部分,就会被家长限制,那是不对的、是危险的,各种的不允许阻碍了孩子对这个世界的探索。

我想说,对于孩子的习惯养成,做个"静待花开"的家长。

写作业不用"盯"

对于写作业习惯的养成,估计是每个学龄孩子家长最头疼的事情,也是最不知所措的事情。前段时间看微信转发的网段中说到家长们因为"盯"着孩子写作业,夫妻两人不是心脏搭桥就是搬出了衣服架子,家长一个比一个难以控制情绪。虽然是笑话,但也是普遍的问题,之所以流传得那么广泛,是因为得到了广大家长的认同。

不知道从什么时候起,陪孩子写作业好像成了家长的必修功课。说实话，羽毛儿、雨点儿从上学第一天起，到现在羽毛儿已经上初三了，雨点儿也上五年级了，我一天也没有盯过孩子写作业，全部都是她们自己完成的。有些人可能会说，那是你们家孩子自觉，你们家孩子好管，其实并非如此，她们也是从顽童开始的，她们也有经历过把写作业这件事搞得一团糟的时候，也经历过没有写完作业受到责罚的时候。

但学习是孩子要自我负责的事情，作业是自己必须要面对的功课，这是我在孩子们上学第一天就告知她们的事情。

在孩子学习的问题上，我一直认为需要她们建立自主能动性，而不是家长像监工似的每天盯着。在这个方面我也和女儿做过深入的沟通，和孩子很明确地讲了我们之间的界限和各自需要自我负责的部分。我和她们讲，我们之间需要分工合作，她们负责好自己的学习，我不会花自己的时间去盯着或催着她们写作业，学习是她们自己的事情，她们需要学会自我负责。对于我来说，工作赚钱、带她们旅游、给她们更有品质的生活是我的事情，这些事情由我负责。我们必须共同努力，才能达到我们的共同愿望。因为我们都只能聚焦于做好自己的那份事情，才能共同创造更好的生活。

我和女儿说："如果你们有理想的学校想上，并通过自己的努力考上了，而我却没有赚到足够的学费，那就是我的问题。如果我能赚够足够的学费支持你们去读喜欢的学校，而你们却没有能力考上，那就是你们需要自我负责的事情了，我们之间的力量缺一不可。"和孩子讲清楚这些后，我就再没有过问过孩子的作业和成绩，也没有干预过她们的学习，只是在她们需要协助找我的时候，我会帮忙。

有些家长会说，开学第一天老师就有给家长布置任务，建微信群，让所有的家长看群里的作业，然后监督孩子写作业，不看不行呀，不监督不行呀，并要用微信来回，孩子不写作业，老师会找家长，家长多尴尬呀。

我两个孩子不止两个家长群，确实是有作业要用手机回，作业发布在微信群里，但这些我都让孩子自己看，我从建群第一天起，就把群置顶并关免打扰模式。女儿需要看作业，还是回作业的时候，可以借用我的手机来操作，自己看、自己回。我只是每天看一次是否有家长需要留意的信息和通知。

可能有些家长觉得我这是不作为，并不是，既然和孩子约定好了，就要对孩子有足够的信任，要相信她们能够自我负责。要相信每个孩子心中其实都有责任感，都有在同学们面前的自尊和对老师及规则的敬畏。

即使孩子刚开始做不好、会忘记，没有关系，忘记作业，老师批评了，她们自然会记得是自己需要做的事情，有几次这样的经历自然就不会忘记了。我们只需要关注对于老师的批评，是否有伤到孩子的自尊，不要造成孩子的心理阴影即可，依然不要参与到孩子自主负责学习这件事中。

至于老师会找家长，家长觉得面子上过不去，那是家长要学会面对面子的问题，不要因为自己的面子问题干涉了孩子的成长。

羽毛儿在自己完成写作业这件事上，刚开始一样没有那么自觉。记得当初她有段时间一回家就先玩儿，等玩到很晚了，才去写作业。看到她这样，其实我内心也很着急，但我没有去干涉她的决定。后来有一次她玩儿得忘记了时间，到要睡觉了才发现自己的作业一点儿也没有写，气得又哭又扔书。我看到这样的情况，其实内心又纠结又心疼，但知道自己这时更需要忍耐不参与，我假装不知道她没有写作业的事情，过去关切地问她发生了什么事儿，她说作业一点儿都没有写，可自己好困，好想睡觉，可是这样明天就交不了作业了，说完又大哭起来。我耐心地陪着等她哭了一会儿，看她情绪稍好些了问她有什么办法可以解决吗？

她先是摇摇头，忽然又问我："妈妈，为什么我身体里有两个声音，一个声音和我说必须写作业，不然明天老师会批评，还有一个声音让我睡觉，说身体好累，我要听哪个声音呢？"看来孩子内心很纠结，她不知道要如何做选择。

我听了羽毛儿的话后说："她们都是你，看来你现在有两个声音需要进行辩论，那你让这两个声音PK一下，看最后你会听哪个声音的？不管结果是什么，妈妈都支持你。"然后我就坐在旁边等待羽毛儿的回答。

过了一会儿，羽毛儿和我说："妈咪，我还是想睡觉，我没有办法支撑自己写作业，我太困了。"我听了之后尊重她的决定说："好的，那你决定好了，就按你的决定来做，明天你要承担不交作业老师有可能的惩罚，可以吗？"羽毛儿有些沉重地点点头。

然后我继续说："宝贝儿，妈咪有些不太理解，想和你探讨一下：妈咪小时候会先写完作业再玩儿，因为我觉得写完作业之后就是把自己必须要做的事情完成了，之后才能安心玩儿。你好像是先玩儿再写作业，你能和妈咪分享下你的想法吗？"

羽毛儿回答道："我先玩儿是因为玩儿是我自己喜欢做的事情，而作业是老师让我做的事情，是我不喜欢做的事情，我先尽情做自己喜欢做的事情，再做我不喜欢的事情，所以我才会先玩儿再写作业。"

我听后觉得孩子确实是有她的想法，虽然这个想法并不符合我的想法，但我并不能因此非要让她按我的想法去做。我接着孩子的话说："听起来确实是有你的道理，只是遇到今天这样的情况，好像就会把必须要做的事情变的没有办法完成了，是不是以后可以考虑如何避免这样的事情发生呢？"

羽毛儿想了想说："以后我给自己定个闹钟吧，这样我玩儿到闹钟响了就去写作业，应该就不会有问题了。"看到孩子会自己想办法，我没有去评判她的办法是否好用，鼓励她可以尝试，然后我们就去睡觉了。

第二天一早，在孩子上学前，我起来想去抱抱孩子，想到毕竟她今天要受到没有写完作业的责罚，怕孩子心里不好受。我去抱小羽毛儿的时候说："今天要受到老师的批评了，妈咪怕宝贝儿难受，妈咪先抱一下吧。"

没有想到小羽毛儿一点儿没有难受的样子，而是快乐地望着我说："妈咪，我的作业写完啦！我昨天晚上睡觉的时候想想不行，我还是不想被老师批评。所以给自己定了个早上六点的闹钟，一早起来把作业写完的，所以今天不会被老师批评了！"

我听了特别开心，孩子真的是可以自我负责地去用自己的方式处理，原来昨天晚上就开始用自己的方法解决了这个问题！所以千万别不相信孩子，你给孩子足够的耐心和空间，孩子是会自己想办法解决自己的事情的。

在遇到孩子情绪无法控制的时候，比如刚才说到羽毛儿又哭又扔书这样的情况，家长可以安静地陪着孩子呆一会儿，看着孩子的情绪发泄，不要去打扰。这时孩子哭，情绪不稳定，说明孩子已经知道自己把事情搞砸了，不要在这个时候再火上添油，要让孩子慢慢安静下来。

另外，切记不要用家长的语言去刺激孩子，比如说："你看都说了多少次了，让你早点儿把作业写完，你就是不听，'不听老人言，吃亏在眼前'吧。这下知道后悔了吧？"再或者说："你就知道拖延，一回来就玩儿，现在知道错了吧！看你以后还敢不敢不写作业！就让老师批评你，看你还记得住不！"

孩子听到这样的话，除了会有恐惧、没有安全感外我实在想不出孩子还能有什么其他的感受。而且这样的话语是家长不负责任的表达，这样说的潜台词是这事儿都是孩子自己的错，和家长无关。把这件事的责任从家长身上脱离出来。要知道孩子并无心把事情搞砸，只是自己的能力还没有达到能处理好这样的事情，不能就直接定义为这样的事情为"错事"。混淆了孩子的概念。

"磨"出来的时间画钟

其实孩子的自我负责也是有起伏的，不是一次解决好了，就可以一劳永逸的。在羽毛儿刚上初中的时候，无法完成作业的情况又一次出现，而且这一次持续了大概半年的时间。

上初中后，羽毛儿的压力一下大了。小学那种先玩儿再写作业的状态忽然间就不起作用了。上了初中，考试多了，复习多了，作业也成倍地增加了。小学不排名次，一上初中也开始排名次了。羽毛儿从小学一直以来养成的写作业的习惯，原本进行得还顺利，在这个时候卡壳了。她刚开始回到家还是先听音乐再写作业。这个时候，她对音乐很痴迷，等听完音乐再写作业，基本上都要写到半夜一点来钟了。我看了也很心疼和焦虑，但知道这个是孩子必须要自我克服和经历的。过程中我也询问过，是否需要帮忙，羽毛儿说不用，我就没有再过问她写作业的事情。

学校的老师也想过一些办法，毕竟小学转初中孩子作业量大，孩子适应期里完成不了作业是普遍现象，学校老师就分组来监督，哪个组有一个完成不了作业就扣全组人员的分数，羽毛儿为了不拖累其他组员，倒是改变了一段时间，一回家先写作业，但作业太多了，每次作业还是会写到很晚才睡，自己喜欢的音乐连听的机会都没有了。

一天半夜，我忽然醒来，听到阳台传来歌声，我起身去阳台，看到羽毛儿在阳台插着耳机唱歌，看看表，这时已经两点多了。我走到羽毛儿身边问："宝贝儿，知道现在几点了吗？"

她回答说："知道。"

我又问："那作业写完了吗？"

第一章 打破惯性思维，陪孩子守住天性

"没有。"

"你是要继续在这里唱歌吗？需要妈妈陪吗？"

"我想再唱一会儿，不需要妈咪陪，你先去睡吧。"

"你把握下时间，别太晚。那如果你作业写不完，会扣小组分吗？"

"老师取消了小组制度，我终于可以听音乐了，我会明天一早起来写作业的。"

"那小点声音，别影响到邻居，你也别太晚，看到你晚睡，妈妈会心疼你的身体，而且会焦虑。"我表达完我要说的内容就转身回房间了。

我知道羽毛儿对音乐的喜爱，理解她这么久没有听音乐的压抑需要释放，我不忍打扰她全然地沉浸在音乐里的感受。

第二天，羽毛儿没能被闹钟叫醒，作业自然没有完成。一早哭着上学去了。她没有预计到熬夜的后果是闹钟根本没有能力叫醒她。

晚上回到家，羽毛儿写着作业就趴着睡着了，毕竟孩子熬夜到那么晚身体还是吃不消的，孩子的身体知道需要自我修复，根本不听大脑的话。羽毛儿没有预计到一次熬夜听歌的经历会给自己带来作息上的恶性循环。

就这样羽毛儿睡到了十一点多才醒，醒来一看时间就急哭了。责怪自己怎么就睡着了，看着厚厚的作业不知所措。时间一分一秒地在自我指责的哭声中过去，她看哭解决不了问题，只好擦干眼泪继续写作业，一写又写到两三点才睡。

可想而知，虽然作业是能按时交了，但自己的作息时间一下就被这么打乱了，总是回来就睡着了，半夜哭着赶作业……如果有个别情况一下睡到天亮，作业自然是没有办法写完的。看着孩子这样的情况，我自然也很着急，心里难受。但我能做的就是调整自己的心态，让自己接纳孩子现在的状态，她体验过这样的经历，自然会从中慢慢找到最合适自己的方式，只有按自己

的方式，她才能主动执行，否则家长给再多建议都是白费。

经过一段混乱的作息时间后，羽毛儿有一天和我说："妈咪，我想过了，与其现在这样，不如以后我一回家就干脆好好睡觉，然后我定早上四点的闹钟，我晚上不写作业了，好好睡觉，一早起来写。古人不也是这样的作息时间吗？从今天起，我要学习古人啦。不过那要麻烦你叫醒我。"

我看她开始试着改变，内心非常开心地说："嗯，不错，在古代按子午流注的作息时间，就是差不多你吃完晚饭的时间睡觉，早上四点起床，以前皇上起来朝政，都是这么早的时间。我可以叫你，不过我不能保证叫醒你，醒来需要你自己负责。"

羽毛儿想想说："好的，我知道了，我从四点起每半个小时设定一个闹钟，一定可以把自己叫醒，然后我中午可以写一些作业，这样早上的时间就能充裕些。"

就这样，羽毛儿自己调整了作息时间，每天放学不再写作业了，而是设定了第二天一早四点的闹钟起来写作业，这样既保证了自己的休息也保证了自己能完成作业。

这样的"好日子"持续到初二下学期，又被打乱了。

初中的压力确实是越来越大，对于孩子们来说，每一年都是一个新的挑战。

到了初二羽毛儿早起的三个多小时，已经无法完成作业了。不过好在这个时候，她的睡眠得到了保证，她又回归到一放学回家就写作业的状态。只是她发现自己注意力一跑，或者和妹妹一说什么，就很难回来，然后就把作业拖到很晚才能完成。无法有效率地利用并抓紧时间又成了她新的课题。

终于有一天羽毛儿找我帮忙，说自己总是搞不好自己的时间管理，弄得一团糟。

我看她很认真地来找我，我就建议她学会建立自己的"时间画钟"。把自己从早上起床、中午放学到下午放学回来的时间都做个梳理写出来，然后看看自己有多少时间可以用来写作业和安排自己的各项活动。并且最后按照"时间画钟"的内容践行自己的作息规则。

羽毛儿按我说的在家里的白板上画了一个二十四小时刻度的画钟，然后把上学的时间去除后，每个地方的时间都标注出来。在画钟上再把自己要吃饭、睡觉的时间也先除去，余下的时间，就用来完成她写作业、复习、预习等内容。

画钟画完后，羽毛儿按照画钟的内容开始执行。刚开始新鲜几天后，就坚持不下来了，很难进行自我约束。"时间画钟"成了一个名副其实的摆设。

这样又过了几天，羽毛儿一天放学回家又找我商量，问我能否给她设立奖罚制度。我说她的想法我可以配合，需要我怎么做？羽毛儿有些不好意思地说，自己没有按照"时间画钟"的内容来执行，自己也挺不好意思的，可是确实自己好像没有动力完成。这几天她也在考虑什么能让自己有动力，她就想到是否可以设定用钱来奖罚自己，推动自己执行。

如果能用这个方式坚持一段时间，让自己养成习惯，再取消奖罚。我听了笑笑说，没有问题。

我让羽毛儿自己设定奖罚金的额度，并告诉她设定多少都没有问题，让她不要有顾虑，就按自己内心觉得达到这个钱的奖罚自己有动力执行为准。我负责来执行支付就可以。

羽毛儿很开心，并很认真地在每个项目后面都写了奖罚的金额，基本上是每天十点前写完作业奖励三十元，写不完罚款五十元。如果能提前一个小时写完作业可以再奖励二十元。小雨点儿看到了也来凑热闹说如果姐姐比她早写完作业，可以再给姐姐奖励十元，如果自己比姐姐早写完作业，自己得五元奖励（因为雨点儿觉得自己比姐姐早写完作业是应该的，不应该要那么多）。羽毛儿还设定了自己每天需要刷题、画思维导图等内容以及对其的奖罚内容。然后每周我们结算一次，她做完这一切，就去写作业了。

第一天下来，羽毛儿特别开心地和我宣布，她竟然九点前就写完作业了，获得了五十元奖励，特别地开心。并心里盘算着，自己的"银行"小金库以后又会多了一笔储蓄。结果第二天她就把第一天赚的给赔回去了，等于扯平。心里很不爽的羽毛儿说是因为这天作业实在太多了，问我能改规则不。我说，作业量是有多有少的时候，我们无法衡量也不可能预知。但我们不能多的时候改个规则，少的时候也改个规则，这样就没有任何约束性了。既然我们设定了规则，就要按规则来走，如果这个规则有不合理的地方，至少半个月之后才能验证。不能说改就改。

羽毛儿听了表示同意，继续按照这个规则执行。

一周后，羽毛告诉我她已经欠我"一屁股债"了。但从她的情绪上来看，她已经学会调整自己的情绪，不管完成情况如何，她都能用接纳的心态去面对，不会再乱发脾气了。

我们结算后，我问她还要继续吗？她斩钉截铁地点点头说要继续，并且说她下周一定要把损失的部分赚回来。我笑笑说，如果是买股票，你这个时候是可以"买进"的时候了。小羽毛儿俏皮地冲我笑笑继续了她的"时间画钟"计划。在一个月后，她有了三百多元的入账。

从小学到初三，羽毛儿在写作业这个习惯的养成中经历了大大小小的起伏期，但她都用自己的方式不断尝试，在不断地探索中寻找合适自己的方法。我在这个过程中，只是不断调整自己的心态，忍着不让自己插手，确实有时并不容易做到。过程中，我也经历了许多次对自己的质疑，但结果告诉我做个"静待花开"的家长，虽然短期内可能收效会慢，时间会长，但从孩子的长期成长，和家长的自我成长上来讲一定值得。

是谁定义了孩子的未来
——鼓励孩子为各种理想努力

独木桥不是唯一的路

羽毛儿上初三时一下感觉到了压力。这天回到家后,她神情黯然地说,想去报个中考补习班,说同学们大多都在上补习班,自己是为数不多的没有上补习班的孩子。还说同学们基本上都是从小学就一路上到现在,那表情有些许的失落和不满,担心自己不上补习班会跟不上现在的节奏。

我问她怎么会忽然有想上补习班的想法,羽毛儿拿出自己班级群老师和同学们传递的一些信息和数据,大多是现在的初中到好高中的升学率多少,高中到好的大学升学率是多少,好的大学毕业后就职率是多少,而就深圳一个普通学校对于老师的招聘条件基本学历就是北大、清华的研究生以上学历等等,这些数据给了孩子很大的压力,好像每个环节都是要挤进塔尖并环环相扣,毫无喘息的余地。

羽毛儿说她看到这些数据后快窒息了,感到了恐惧和失落。让她对未来感到迷茫,觉得人生如果要这么走下去,每一个台阶岂不都很累,每一天都不能放松自己,感觉人生一下很无趣,并有很深的无力感。

面对孩子这个心情，我特别理解，不知道从什么时候开始，我们所有人的一生，好像都被这么定义了：从小要好好学习，争取考个好成绩，这样才可以读个好的初中、好的初中努力后就可以有个好的高中、好的高中继续努力之后就可以有一个好的大学，之后就可以有个好的工作，然后就是美满幸福的一生了。好像人生的每一步都需要通过这样的独木桥来竞争，把众人踩在脚下才能拥有自己幸福的人生。真的所有的孩子只有这一条路可以走吗？

作为父母，我们到底需要培养什么样的孩子。孩子的未来你真能决定吗？

记得有一次老师给我们这些"好学生"的家长们单独开了个小会，内容大概是说：现在就是要让孩子全力以赴地去竞争，虽然现在大家都是同学，但现实就是这么残酷，就是有些人要被踩在脚下，如果不这么做，你就会是被踩在脚下的那个人，现在讲同学情谊，以后到社会上竞争，谁和你讲情⋯⋯

这让我眼前出现了血淋淋的场面，不知从什么时候起，原本应该快乐学习成长的学校成了你死我活的竞技场了？这让我内心隐隐作痛。从小就把学习当成竞争的工具，那么长大之后，是不是什么东西都会成为这些孩子的竞争工具和手段呢？以后他们面对自己的生活，眼里就只剩下竞争：对待工作、爱情、面对自己的孩子⋯⋯这一切摆在他们面前都是另外一种竞争关系，何来的幸福可言。

把生活一切的场域都看成是竞技场，学习知识也不再是自我成长、探索宇宙和世界的阶梯，被当成走入社会的竞争工具，那么孩子们长大了如何去探索自己的人生、如何去探寻自己的使命和生命本该有的意义？

李白曾经写下"天生我材必有用"的诗句。孩子的成才之路应该有千万条，而不是去挤这一个独木桥。那么我们为什么不能从孩子的天赋出发，让他们发展成为自己想成为的样子？

第一章 打破惯性思维，陪孩子守住天性

记得在另一次家长会上，老师让家长共同想该如何督促孩子学习，达到目标成绩。有学霸级家长分享了自己的心得：自己的办法就是孩子喜欢什么，就拿什么来要挟孩子，一个是因为孩子特别喜欢，花的时间会很多，这样很耽误和浪费学习时间，再者，因为孩子对喜欢的东西渴望，不愿放弃，所以拿来要挟特别有效果。比如：孩子喜欢踢足球，就断绝孩子踢足球的一切活动和可能，然后让孩子必须达到家长和老师确定的目标才可以再碰球，这样下来，基本上一个月，孩子都没有去踢球，所有的时间都用于学习，最后考试达成了目标成绩，才放他去踢球。这位家长得意洋洋地分享着自己的经验，我听了心里很不是滋味。

这是一个畸形的惩罚，这不会让孩子喜欢学习，只会加深孩子对学习的痛恶，因为学习、因为成绩而要割舍自己的喜爱，这之中孩子还免不了和家长讨价还价一番，让原本该自主学习的行为变成了一种功利行为。而且这么做根本达不到改变孩子学习的问题。如果能改变孩子的成绩，也只是暂时的，如果达不到要求，只可能让孩子有更多的挫败感，更加痛恨学习这个事情，同时，也可能扼杀了孩子的一个兴趣或是孩子的天赋。

可以设想一下，当这样的孩子能够不再受家长的管制后，一定会报复性地厌恶学习，而现在的成绩也只能达到一个"短期"的效果，尤其对现在处于青春期的孩子来说，心灵受到的创伤更大。如果这样的惩罚用多了，孩子会厌倦和家长这样讨价还价的状态，有可能自暴自弃，也有可能现在看似很听话，实际已经关闭了和家长交流的大门。等真的到了大学，你鞭长莫及的时候，孩子可以自己做主了，学习是第一个要被放弃的。孩子会报复性地去做你以前要挟他不让他做的事情，会报复性地厌恶学习，用这样的方式向自己的父母示威。

所以在这里想呼吁并恳请各位家长，善用自己手中对孩子的权威，多用

用自己的慈悲心来对待孩子，把孩子的一生拉得长远一些，把孩子终身成长看成目标。

在丰满的理想中遨游

我想每位父母在最初都希望自己的孩子健康快乐地成长，看着那一个个牙牙学语的孩子面对你天真无邪的笑容，能融化你的心时；能在你疲惫辛劳了一天回到家，扫去你一切的烦恼时。你是否想过有一天你们之间的心门会被关上？你是否想过有一天因为你过度地干涉、越界，让原本这么纯真的爱背负恨？你是否还记得你爱孩子的初衷。

在孩子成长、成绩的这件事上搞砸了，都是孩子的错吗？是孩子不够努力吗？在这件事上，家长除了唠叨、监督、盯着以外，是否真的有抱着和孩子一起成长的心，给孩子做好榜样，起到带头作用？如果你自己都做不到的，为什么孩子就必须要做到？

让我们反观下自己，如果有一天是让孩子为天下的家长打分，你会是满分家长吗？如果说孩子因为你的成绩不合格，问问孩子，他是否依然爱你。

爱孩子，就让孩子参与自己成长的全过程，参与决策并学会自我负责，和孩子共同承担孩子犯错的结果，给孩子试错的机会，温柔并坚定地和孩子划清界限，但这从始至终需要贯穿你的爱。

羽毛儿、雨点儿都有在不同的时期和我谈过她们长大了想成为的样子，我都耐心听着，鼓励她们去尝试。要知道孩子的价值观会在这个时候的正确指引中，慢慢形成。

第一章　打破惯性思维，陪孩子守住天性

记得雨点儿在二年级左右的时候和我说长大了要当警察。我当初很奇怪，问她是要当侦探还是警察？我知道那时她正在看福尔摩斯全集，担心她把两个职业概念搞错了。她很斩钉截铁地和我说，是当那种抓坏人的、抓小偷的警察，不是那种福尔摩斯破案一样的侦探。我好奇地问她为什么，她说她要保护姐姐，不被坏人欺负。我问她知道姐姐的理想是什么吗？她说知道，姐姐要去米兰学习设计，成为设计师。雨点儿说，当警察没有地域之分，所以她可以和姐姐一起去米兰，在那里当警察保护姐姐。

我知道她们姐妹情深，很感动，也鼓励她有理想就去努力。我并没有和它去分析警察这个职业是否适合女孩子，去评判警察会面临多少危险，并且她这么瘦弱的女孩子不适合警察这样的职业等等。而是鼓励她去思考，如果你的理想是做警察，为此自己应该做些什么努力？雨点儿想了想回答说，自己应该先练习跑步，这样就可以让自己跑快点儿，可以抓到小偷，还得让自己更健壮些，这样就可以有力气去抓坏人。英语也要加强，这样到了国外就不至于语言不通。我看她想清楚了，问她还有什么需要补充吗？小雨点儿想想说："我觉得能把这些做好就不错了，等想起来再说吧。"然后，我们就按她的这个理想做了个小小的目标，就是每天开始跑步、多读英语、背单词，并好好吃饭。

那段时间，雨点儿很认真地每天执行这些目标，按照计划去追赶自己的这个小小梦想。离警察的目标我不知道能近多少，但我知道，她开始阅读英语读物，英语成绩更好了，身体素质也提高了，整个人的精力更充沛了，吃饭也比以前更多样化了。

羽毛儿也和我说过自己的许多个理想：做主持人、演员、音乐唱作人、设计师、化学、生物工程师等等，每次羽毛儿和我说到她的一个新理想时，我们都一起去探讨，这个理想需要具备哪些特质，自己还欠缺些什么，需要

从哪些方面补足。我们都会去设定一个小目标，然后孩子会根据这个时期的这个理想去完成她的目标。

在这个过程中，孩子是快乐的，她能感受到学习和自己的梦想是有关系的，她能感受到，现在的学习其实和自己的未来有很大的关联，而不是脱节的。甚至孩子学习了化学、物理、生物等学科内容后，回家开始做各种各样的实验，自己在网上买了火碱、硼砂等原料，然后把自己喝过的奶盒洗干净晾干，剪成容器，在家开始做实验。作为家长，我只是提醒她注意自己的安全，其他的就是两个孩子做各种实验。有不明白的，就又回学校去问老师。

比如羽毛儿想当主持人时，我们就每天练习绕口令，自己去寻找机会。这个理想基本上在学校已经实现了自己的小目标。当演员这个理想冒出来的时候，我们又会去关注一些演出的信息，然后我带着羽毛儿去试镜，通过这样的方式，羽毛儿拍过广告和微电影，体验过了小演员的经历，她自己也满足了。而且那段时间，我们在家里经常相互演对方，孩子的模仿力和观察力竟然如此地强，两个孩子见到什么都用表演的方式描述出来，比如她们在楼梯口看到那些广告，就会用夸张的方式把那些广告在家里给我呈现出来，不需要用语言，只是动作和表情，那感觉太棒了！在羽毛儿想做音乐唱作人这个梦想的阶段，她会专注地去听音乐。专注听音乐和随意听音乐还是有区别的。当你知道你需要从一首歌曲吸收什么的时候，你会把一首音乐分层去听。比如这个阶段羽毛儿在听歌的时候，她就会去分层来听，把人声部分，旋律部分和伴奏部分分成三个层次来听。每次听的时候都专注于一个层次，因为这个时候你知道你要从音乐中获取的元素。

比如，当你专注于唱歌的时候，你听的是音乐中人声是如何发音的，每个音的发音位置和发音方法，以及如何能把这个音唱得更细致入微；专注于旋律的时候，是音准、音高、单音旋律在钢琴上的位置；伴奏的话，是这个

第一章　打破惯性思维，陪孩子守住天性

音乐中的厚度、明暗度、宽广度，如何衬托出这首歌曲的表达，需要去听和弦部分的组合。所以这个时候羽毛儿在听音乐的时候，就开始学会了如何分层去听音乐中的内容；她不但自己学习模仿歌手的唱法，还会把音乐中旋律和伴奏部分分别从乐曲中"扒"到钢琴上。那段时间，她的即兴伴奏和视唱练耳一下好了许多，演唱的模仿力也增强了，不仅能把单音旋律听过后就可以在钢琴上演奏出来，还可以把和声部分丝毫不差地通过听的方式演奏出来，甚至我随便放个什么曲子，她立刻就能在钢琴上演奏出来。

到现在羽毛儿都没有真正确定她的梦想是什么，但我知道，在这条探索的路上，她会不断尝试，在尝试的乐趣中她收获了许多意外技能。而且之后再有什么梦想她自己知道如何自我探索，去给自己的梦想做目标并保持好奇心地去靠近这个梦想。

羽毛儿在最初换理想的时候，有些忐忑不安地问我，自己是不是太见异思迁了。我告诉她正是因为她善于思考并对自己的人生有追求才会有那么多的梦想出现。我们每个人的理想都不是一次到位的，包括妈妈到现在都未必真的找到了自己的理想，这个世界本身就充满了变化，我们的理想有变化是很正常的。

对于她现在每天都有接触新事物，并面临新知识的洗礼和冲击，对自己的理想会有一个调频的过程，只有这样才可能会找到自己真正理想。只要把握住每个当下的梦想，保持积极的心态去探索，去为这个梦想努力，那么当真正的梦想到临时，你就是一个有准备的人了。现在的理想未必会成为你的终身事业，但可以成为陪伴你找到自己真正梦想的阶梯。走过的每一个尝试都会成为自己成长经历中的宝石，这些宝石一定会给你筑出一条五光十色的道路，通往你真正的终极目标。"日拱一卒，功不唐捐。"

羽毛儿听完放心了，她不再纠结自己不断更新自己的理想，每次有了新

的理想，也都会和我分享，自己为什么又喜欢了这个，对于上一个理想自己有了什么样新的认识。

其实让孩子自己去思考自己想做什么，她就知道自己需要努力的方向，她自己就会不断地完善、补足。也许这个方向并不切实际，也许中间她会不断调整，可这有什么关系呢？我们成年人也未必是想清楚了才去做的。即使以为自己想清楚了，最后做的时候才知道什么更适合自己，我们成年人也在不断地调整自己，为什么不可以给孩子自己去思考探索人生的机会？

不要嘲笑孩子说出的理想天真、幼稚、不切实际，我相信那是她当时真实的想法。就像雨点儿说要当警察的那个理想。雨点儿和羽毛儿比起来，雨点儿会瘦弱很多，羽毛儿更显得强壮，可我们不能因此而说就你这个身材还保护姐姐，就你还抓坏人，还是好好读书吧！不能用我们大人的评判来嘲讽孩子的梦想，来左右孩子要做什么。我相信她能从小思考自己做什么，等真正心智成熟的那一天，她会更快、更敏感地抓住自己要做的事，更能轻松地找到自己的使命，找到最合适自己的那条路去走，而减少碰壁和少走弯路。

记得爱尔兰诗人叶芝曾经说过：教育不是注满一桶水，而是点燃一把火。现在的应试教育，无疑就是那桶水，我们家长更应该在外援上，多给自己孩子点燃一把火的可能！

学艺术？还是美丽的负担
——不在艺术培养上定规矩

平息艺术之路的硝烟

达尔文曾说：如果我可以一次又一次的拥有自己的生活，我会规定自己每周至少一次读一些诗歌和听一些音乐。

音乐是离人心最近的东西，喜欢音乐的孩子不会变坏。能让孩子保持一颗纯善的心灵。让孩子从小多听听音乐、学学美术，总是错不了。艺术能陶冶情操，能让孩子感受生活中的美。在孩子成长的路上，能伴随孩子快乐、调节情绪、保持积极心态，同时能多分自信。

艺术是无国界的语言，也许我们不懂一门外语就无法读懂国外文学，但一点儿不影响我们听一首外国的乐曲或欣赏一幅国外的名画，艺术所表达的是内心最深处的情感，能释放人类最本质的天性。孩子天生就具有很高的艺术欣赏能力。

当孩子才几个月大还不会说话的时候，你可以看到孩子可以跟着音乐律动摆动自己的身体，可以看到不会写字，也可以拿起画笔肆无忌惮地在纸上涂抹，这都是孩子的天性使然，艺术本来就是释放孩子天性的方式，不是一门机械的技术。

我办过艺术中心，看过带着不同目的来给孩子报名的形形色色的家长。这个年代的家长在艺术上可以说大都是"门外汉"，有的是为了弥补自己儿时的缺失，完成自己的梦想；有的是因为别人家的孩子学了，自己家的自然不能落后的攀比心；有的是为了给孩子留条后路，文化课类的学校万一不好进，可以用艺术补足；有的是为了给别人展示，自己有面子……单纯为了培养孩子的艺术修养，释放孩子天性的却寥寥无几。有的家长最初送孩子来的时候抱着培养孩子的兴趣，在学习的过程中，就忍不住横加干涉，不再以兴趣为导向，最后都把学习艺术推向了技术活，直接的导向就是让孩子快速考级、参加各种比赛拿证书，来证明孩子的艺术成果，成为炫耀的资本。

当然不是说考级、拿证一点儿用都没有。这些手段在学习艺术的过程中，可以适当地提供给孩子做展示和肯定的手段，但如果把学习艺术的结果导向只作为考级、拿奖、拿证书，那就完全失去了学习艺术本来的意义了。成为了功利心的工具。让学习艺术这件事除了完成考级曲目的作业外，再无其他乐趣。

从来学习的孩子们口中得知，他们所学的艺术专长大多数是家长强加的，不是自己选的：比如孩子想学架子鼓，家长嫌吵，报了吉他；孩子想学美术，家长觉得声乐更容易展现；孩子喜欢钢琴，家长觉得不如学舞蹈看起来有气质……听了孩子们的心声，我也找机会和这些孩子的家长们谈，是否可以换成孩子喜欢的专业。结果基本上都被家长驳回。

道理很简单：孩子不懂事儿，不知道社会的复杂性，要学就要学有价值可以给自己的未来带来好处的。小众的乐器不被大家所接受，表现的机会少，美术比较难拿出手，卖画也赚不了几个钱，还很辛苦，性格孤僻……总结下来，基本上是把学习艺术和孩子的谋生手段联系到了一起。家长的理由不无道理却完全背离了艺术带给孩子成长中的熏陶和真正的价值。

让原本能带给孩子快乐、释放天性、激发创造力和内心感受力的事情硬生生熬成了任务，使之又成为了孩子一个新的甜美负担。这样的结果会让孩子失去学习艺术的兴趣，也违背了学习艺术的初衷。如果孩子都不能从内心热爱，更不可能把艺术和自己的未来相挂钩。

在一次朋友聚会上，有人听说我是钢琴老师，就跟我说自己的孩子总是不好好练习钢琴，为此每天和孩子硝烟四起，肺都要气炸了，孩子就是听不进去，真恨不得把琴砸了，咨询我该怎么办。

我向这位家长询问了孩子学习钢琴的一些基本情况，练习了哪些书目。家长和我说到孩子已经上初中一年级了，学习钢琴断断续续地也有几年光景，现在是要准备钢琴考七级（一般准备考七级水平大约在五级、六级之间）。从她练习过的书目我基本判断出来孩子的钢琴基础技法已经学习完了，现在的过程就是提高手指灵活度以及提升速度和音乐表情的阶段。

了解完这些内容后，我问这位家长："你想让孩子走专业吗？"这位家长说并没有这个想法，只是想让孩子有个兴趣爱好，以后不用那么闷，现在的孩子很容易自闭，有个才艺可以释放一下情绪而已。然后我问她和孩子在练习钢琴中发生争执的主要原因是什么？

她说："孩子总是弹自己喜欢的曲子，根本不弹老师布置的作业，然后每次课都没有办法完成作业，眼看快考级了，曲子都还没有达到老师的要求，这太让人生气了！"

我笑着说："你刚才不是和我说不想让孩子走专业，只是抒发情绪吗？在我看来，您的女儿已经做到了这点，而且她能自发地去寻找演奏她喜欢的曲子，这太棒了！你应该感到高兴才对，而且要赞扬她，为什么要因此而生气呢？"

这位家长很意外我这么讲，刚才气愤的情绪一下凝固住了，愣愣地看着我说："可她没有完成老师的作业呀！"

我说："在我看来，您想让孩子学习钢琴的目的已经达到了，而且孩子做得很好。以她现在的钢琴技能来讲，她可以自弹自唱和钢琴一起娱乐了，可以选择演奏喜欢的乐曲，而且还可以演奏一些简单的世界名曲了（许多很优美的，大家耳熟能详的世界名曲技巧性并不是很难，有相当五级钢琴基础的孩子完全可以自己识谱演奏下来）。这原本是一件多么令人开心愉悦的事情，您却要为此和孩子发脾气。我用英语、语文来类比一下：语法、文字这些知识都掌握了，读散文也是读，议论文也是读，古文也是读，为什么就不能让孩子选择自己喜欢的文体来读呢？一定要让孩子读规定的课本才算是读书吗？所以，考级曲和孩子喜欢的乐曲都是钢琴曲，您又不打算让孩子走专业，孩子选择自己喜欢的乐曲练习有错吗？"

家长听到这里看着我，半天说不出话来，忽然又想起了什么似的担心地问我："可是老师布置的作业怎么办？"

这位家长又回到了最初的问题上，我说："作业的事情您可以和钢琴老师去谈。刚才您也说了，并不想让孩子走专业，那么考级的目的和意义是什么？试想考到七级之后，八到十级继续考吗？"

"想考完七级就不想再往上考了，孩子初中了，学习任务也重了……"这位家长低着头喃喃地说，也分不清是自言自语还是在和我说。

我抢过话来继续说："既然不想再往上考了，这次考级也并没有实际意义。既然孩子不想练习考级曲子，想弹自己喜欢的曲子，那可以和老师商量根据孩子喜欢的乐曲来给孩子重新做计划，布置作业。甚至可以考虑一下如果孩子喜欢自弹自唱，还可以发展一下即兴伴奏的方向。

如果作为一名钢琴老师只会给孩子布置考级的曲目，根本不关注孩子的兴趣，及时地做适当调整，不去鼓励激发孩子用自己喜欢的方式去表达音乐的心情，那你其实可以考虑换老师，而不是和孩子发火。"

这位家长听完我说的，一下如释重负，深深吐了一口气，估计她庆幸以后不用在钢琴这件事上再和孩子打仗了，我也很庆幸保住了她们家的钢琴不用被砸掉。

我能理解这位家长，在我们那个年代，老师是权威，老师的话是必须要听的，作业是必须要做的，否则不符合我们的价值观，所以这位家长只会让孩子去迎合满足老师的需求，包括学习艺术课程。

这位琴童家的情况也具有一定的代表性，孩子在有钢琴业余中级偏上这个时间段会进入练习钢琴的瓶颈期，这是到了一个需要从量变到质变的过程。就像我前面所讲的英语中的语法，语法学完了，要更好地运用不是背几篇经典课文就可以解决，是需要大量的练习。对于钢琴也是如此，初级基础完成了技巧类的练习，到了中级就要多练习一些不同风格的乐曲来熟练技巧。而考级曲原本是在这众多练习中精选出来的乐曲，可以作为一个阶段对孩子完成这些练习的验证，类似文化课的测验，而不是目的。

而现在的情况大多是，为了让孩子快速考级，大部分的时间都花在细抠这几个考级曲上，而忽略了大量风格乐曲的练习。这个阶段的乐曲本身也很长，不像基础课程都短小精炼。可能一首乐曲孩子几个月都弹不下来，内心自然有很强的挫败感和失落感。在这个时候强压反而会让孩子陷入无助无力的状态中。家长忽略孩子的感受，还像监工一样的监督并批评指责，孩子是很难渡过这个瓶颈期的，更难在钢琴上有所突破。而学习艺术的冲突也是从这个时候开始激化的。

家长可以不懂专业，但不能不懂孩子。在孩子无助的时候，应该给与家长的支持，而不是以自己不懂专业为借口就让孩子一人面对。就像上面我讲到的这个案例，家长看到孩子的诉求，应该适时反思一下孩子学习钢琴的目的和意义，有没有偏离轨道，是不是应该重新调整，而不是一味的和孩子做斗争。

墙面上的杰作

艺术类课程有其特殊性，拿练习钢琴来说，我自己的经验是，如果某个曲子的某几个乐句卡住了，不能急于求成，需要专门拿出这几个小节放慢十倍的速度专门练习，如果按基本原速整曲练习已经形成习惯，中间几个点总会断、不连贯的情况下，必须先放一放，因为这个时候你的肌肉已经形成记忆，意识也会在快到那个点时开始提醒你，反而会造成情绪的紧张感，使得这个曲子练习多少遍也没有效果，需要先换换其他乐曲进行练习，让自己忘记之前的记忆，等隔段时间再放慢速度练回这首乐曲，才能有所收获。所以不能用练习了多长时间来定义一首乐曲。

或者看到孩子几周回课都卡在一个曲子上过不去就去指责孩子笨，不用功，这个时候需要适当调换乐曲或让孩子放松一段时间。不能只盯着考级为唯一目标，而事实上考过十级也只是钢琴业余水平。

记得我钢琴老师的孙女，从小学习钢琴，水平比同龄人都好，问她考完十级之后有什么想法，她说想把钢琴砸了。确实许多孩子过了十级就发誓不再碰钢琴了，他们不觉得音乐是自己的终身伴侣，因为在学习钢琴的过程中，他们没有收获到快乐，而是在压迫、督促、痛苦中度过，在他们眼里钢琴还夺走了他们童年玩乐的时间。对于钢琴，他们只剩下痛恨。

我在办学的时候有一位家长说她在陪孩子练琴的时候，自己搬个板凳坐在孩子的身后，她规定孩子每天练习一个小时，孩子如果不肯弹也要让孩子在钢琴前坐够一个小时才能离开钢琴。这个孩子当时只有六岁，我和家长说，这个年龄段的孩子注意力只能集中十五分钟左右，一天半个小时的练习足够了，坐一个小时对于这个年龄的孩子来说太久了，会让孩子产生厌烦情绪，这位家长坚持自己的做法，说这是在给孩子立规矩，修正习惯。

记得还有一位学生，是个大男孩儿，上初二。每次来都沉默寡言，不和任何人打招呼，他妈妈逼他考级，他不愿意，他找来自己喜欢的曲子学习，他妈妈又坚决不同意。我劝这位妈妈应该尊重孩子的选择，这位妈妈很强势就是不同意，也不愿意多交流。考级当天，这位大男孩儿到了考级现场，没有走到钢琴前而是直接走到几位评委老师面前说，给他零分，考级是他妈的意愿，不是自己的，然后扬长离开考场。

钢琴成了这两个孩子和妈妈之间较劲的工具，学习钢琴的初衷早就不存在了。

羽毛儿和雨点儿，从五岁多开始学习钢琴，到现在为止都没有考过级，我和她们的钢琴老师沟通过，我的目的就是让孩子能够自娱自乐，所以和老师设计的是在保证基础的钢琴技巧练习外，以激发孩子兴趣为主，不走考级路线。在羽毛儿、雨点儿掌握了一定的钢琴技巧后，她们就主动告诉老师自己喜欢的动画片乐曲、唱的歌曲，老师就找相关符合她们技能阶段的乐曲来练习，当她们喜欢的乐曲有难点，自己所学的技巧和速度跟不上的时候，老师就会找针对这个技巧的练习曲专门做练习，然后再来学习她们喜欢的乐曲。这样下来，孩子对钢琴一点儿也不厌烦。总是为了能演奏自己喜欢的乐曲在努力，可以得到"延迟满足"的幸福感。

过程中我还经常带孩子们去看各种音乐会、演唱会、歌剧表演等，让她们感受到音乐带给人的震撼、情绪上的满足，和沉浸在音乐中的那分享受。

看到这些艺术家们流畅自如的表演，也会激发孩子们对音乐更浓厚的兴趣，保持自己练习的状态。现在她们已经不再上钢琴课了，但依然会偶尔演奏自己喜欢的乐曲，自己主动去学习新的曲子。

前段时间带两个宝贝儿去看了电影《冰雪奇缘2》，惊奇的是第二天两个宝贝儿就能在钢琴上演奏这部电影主题曲的片段了，我问她们怎么学会的，两个孩子俏皮地拿出手机给我看，她们自己下载了这首歌曲的音乐视频，靠自己的听力把整个曲子"扒"到了钢琴上。

在学习钢琴的路上，我和两个孩子没有因为练习钢琴发生过矛盾，我也没有监督过她们的练习。现在羽毛儿雨点儿都当钢琴是她们的好朋友，有空就和钢琴做"交流"，偶尔还能听到新的曲子在钢琴中流出和自己改编的一些乐曲。

家长想要培养孩子艺术才能的初衷是好的，但过程中要适时根据孩子学习的情况进行调整，保证和孩子有良好的互动和交流，给学习艺术创造一个干净舒适的环境。

在孩子的成长过程中，如果能抓住孩子的敏感期，去发现孩子擅长的，就能给孩子的艺术修养带来事半功倍的效果。

蒙台梭利发现：孩子的发展存在各个阶段的敏感期。也就是儿童在每一个特定的时期都有一种特殊的感受能力，这种感受能力促使他对环境中的某些事物很敏感，而对其他事物则置若罔闻。

敏感期来临时，家长不要阻止孩子的一些行为，比如：绘画敏感期到来时，孩子喜欢用彩笔到处涂涂抹抹，但大多数家长会制止，觉得把家里弄得乱七八糟的。但如果过了这个时期，孩子可能就失去了绘画上的创造力了。

羽毛儿在刚两岁的时候，经历了这个敏感期。当时，我给她买了彩笔和纸张，告诉她可以在纸上涂上自己喜欢的颜色。然后我就去做饭了。

不一会儿小羽毛儿很兴奋地跑到厨房，拉着我的衣角，示意我去看她的"作品"，看着她满脸兴奋的样子，我关了火跟了出去。一出厨房门我就傻了，家里的白墙被羽毛儿画的五颜六色的，到处都是。

我再看小羽毛儿脸上有抑制不住地喜悦，并迫不及待地给我介绍她的这幅作品："妈咪，你看，这里有蛇，在这里。"她一边说着，一边用手指着一条奇怪的长长拐弯的线条。

"尾巴会拐弯的，好长！还有一只大鲨鱼，尾巴向下，在这里。"

说着小肉手又去指了一块我实在看不出来是什么形状的色块。她继续眉飞色舞地和我讲着，根本没有看到我此时脸上有着难于言表的奇怪的表情。

"这里还有一只小鲨鱼，有烟花，大的烟花，和小的烟花。"说这话的时候，小手指向了几个像是圆圈一样的线条。

"还有树，绿色的，还有太阳，在这里呢！"

这些在我看来是一堆奇怪没有规律的颜色线条，在小羽毛儿的嘴里变得那么丰富多彩，我想这在孩子的脑子里该是多美的一幅画呀。

我舍不得剥夺孩子脑中的这份美丽，我问羽毛儿为什么不在纸上画，她理直气壮地说纸太小了，不够自己画的。那个神情仿佛一位"艺术大师"。

我只能承认艺术家都是有胸怀的、有格局的、眼界也是要够宽广的，小小的纸片容不下她脑中大大的世界。

我又买了一些大的纸张贴在墙上，让羽毛儿在不破坏墙面的情况下"发挥"自己的艺术天分。结果是，羽毛儿把纸掀开，在墙面上画完后，又把纸再盖回去。我问她这又是为什么？羽毛儿振振有词地说，纸太光滑了，不好画，容易破，墙面不会破，画出来的颜色效果更有"质"感。

就这样，羽毛儿在我们家所有她触手可及的地方都画上了自己的"作品"，度过了自己绘画的敏感期。在这个过程中我用自己的凡胎肉眼无法解读的线条，都能从羽毛儿的嘴里听到不同的故事，这让我感受到了一个充满奇妙幻想的世界！

敏感期过后，羽毛儿不再在家里的墙面涂鸦，我就买来一桶白漆，和羽毛儿一起把这些故事封藏在了这白色粉末下。

绘画是孩子最会使用的一种语言，他们可以通过涂鸦表达自己的感受，自然地展现自己的想象。

三岁是孩子直觉思维期、五岁才有形象思维期。早期的绘画就让孩子糊涂乱画就好，不需要刻意指引。这个时期正是孩子充满创造力、想象力的时期，刻意的学习一些技巧反而会限制了孩子想象力的空间，固化的知识只会填满孩子的大脑，赶走真正应该保留的想象力。孩子一般过了九岁，才可以用成人的视角去临摹。如果过早让孩子照猫画虎，那就限制了孩子的想象空间。偏离了对艺术的表达和表现力。让美术教育最终成就的是画匠而不是画师，画匠在未来是可以被AI所替代，只有用想象力的创作才是无法被AI超越的。

我看过一个视频，是讲德国幼儿园的一节美术课，孩子们不学专业知识，老师的任务就是带孩子们玩儿，最重要的任务是玩儿得开心。老师发给孩子们一堆各种质感的材料：有硬纸壳、彩笔、纸张、软布、胶水等，孩子们可以根据各自的想法任意取用，去创作一个自己心中的自由女神。老师在过程中并不干预，孩子们根据自己的想象，三五成群地相互协作。等作品成型后，老师带领着孩子们和他们手中形态各异的作品，来到附近的商场举办孩子们的"自由女神"雕塑展，孩子们在商场中面对来往的顾客，主动去介绍自己的作品和创意过程。我想这样的美术课应该可以最大程度地保留孩子的创造力，不给孩子的创作设框架，不以"像"为标准。每位形态各异的"自由女神"背后都讲述了一个天才的故事。

第一章　打破惯性思维，陪孩子守住天性

高效陪伴
——如何让自己走出固有思维模式？

每个人都有自己的固定思维，遇到一些事情，就立刻开启了下载模式，用过去对事物的认知，去解读现在发生的事情。对事情的发展缺乏全局性的眼光和扩展的思维来对待。

如何让自己走出固有思维模式呢？

首先，对于自己有固有思维模式要接纳，不要感到羞愧。

因为我们人人都有固有思维，我们首先得承认它、面对它、接受它。并且要看到它。我们要知道是什么引发了自己的固有思维模式。它会在什么时候出现？在它出现的时候，你是否能看见。在你能看见的时候给它定义一个角色。比如一个你不喜欢的电影角色或者任何一个名字都可以。把固有思维从你的身体中抽离出来和它对话。或者当你看到这个思维方式出来的时候，就叫你命名的这个名字，让它从你的身体中走出来，以提醒自己不要陷入固有思维模式中。

其次，当你看到它出现并阻碍你的时候，你要学会和它沟通。

你需要向它说明自己为什么要这么做，让它和你一起踏上新的行动的旅程。我个人认为命名这个方法很好用，你要明白，固有思维也是我们的一个保护机制，它的出现，是想保护你，不要冒险。它是总结了你旧有的经验的一种思维定式。所以，我们要学会和它进行沟通，和它做朋友，让它换种方式保护你，而不是用守旧的方式，它就能支持和帮助你了。

孩子的成长本身就像一张白纸作画的过程，在陪伴孩子成长的过程中，我们要时时提醒自己，不要以自己的固有思维来禁锢了孩子的各种发展可能。

第二章

学做智慧家长，
陪孩子共同成长

父母在子女成长中起着至关重要的作用，父母的局限性也会影响孩子未来的发展。要想当好孩子的家长，就要学会做一个有成长型思维的家长。不要在意别人的眼光，学会照顾孩子的感受，让孩子在无条件的爱中滋养，成为一位有智慧的家长。

part 1
不要成为孩子成长之路的"绊脚石"
——培养自信自立的孩子

孩子不是你的续集

记得羽毛儿在一次夏令营给我的信中写了这么一段话:"妈咪,这次夏令营我依然特别特别想你,但我没有哭。我特别想感谢你,没有成为我成长路上的'绊脚石'。我看到许多同学家长都是他们人生路上的第一块'绊脚石',而我特别庆幸的是我的妈妈不但不是'绊脚石',还是我人生路上的'踏脚石'。妈咪,谢谢你,我选对妈妈了,我爱你。"在旁边还画了个小淘气的表情和一个小爱心。

看到女儿写的这段话,我内心感到特别的幸福和温暖。自己的爱被孩子看到、感受到,并且她能真诚地表达出来。这是多么美妙的事情啊。

在我看来每个孩子都是爱的小天使,带着将会翱翔的翅膀来到他们选择的守护者身边,陪伴我们一起成长。还记得第一次在产房与大女儿羽毛儿相见时,并没有像电视上演得那么戏剧化,出现那种喜极而泣的场面。医生只是静静地把她放在我的身边,我期待了十个月的小生命,就这么和我见面了。我歪过头凝望着她,一个刚从我身体中孕育出的生命,看着她通红的身体，眼睛微张，望着前方，对这个新奇世界充满了好奇的样子。我内心百感交集，好像有许多话想和她说。感慨自己都没有完全长大，还不知前行的路会怎样，就要肩负起承担一个生命的责任。

而对于育儿，除了怀孕时读了几本书外，再无任何经验，那时的我生怕辜负了这个生命对我的信任，她是那么全然地相信我，把自己的生命交给了我，我要如何能让她在我的陪伴下羽翼丰满的成长，终有一天能按自己的方式去独自面对这个世界、去遨游。我多希望在陪伴女儿的过程中，能成为她的保护伞，能为她遮风避雨，替她承担一切的伤痛，让她的世界只看到彩虹，让她的世界一帆风顺。但我知道孩子的人生需要她自己去面对、去磨砺、去试错。我在这个过程中，仅仅是一个陪伴者，不是参与者。

"保护伞"是要学会放手去让孩子尝试各种可能性。爱她就对她"放手"，对待女儿最好的保护，就是让她学会自己去面对。毕竟越早了解到什么是痛，能够越早避免自己再痛。我们不可能呵护孩子一辈子，孩子终究要长大，要离开我们。如果早一点儿让孩子学会面临"灾祸"，他越有机会修复自己，让自己重新站起来，如果年纪太大才领悟这样的道理，再想站起来，就没有那么容易了。包办孩子的一切虽然出自家长的好心，但未必会起到好的作用。就像歌词中唱道："不经历风雨，怎么见彩虹，没有人能随随便便成功。"可你把孩子的风雨都给抢走了，孩子到哪里去找彩虹？

"放手"并不是件容易的事情，每次"放手"让孩子独自面对各种事情，自己的内心都会揪着，甚至很痛。但"放手"就是要家长学会放下自己心中的恐惧、承认我不能代替女儿的成长，要看着她去磕磕碰碰，甚至受伤，要允许她从这些经历中学会浅显平常的道理。不去充当她的大脑和四肢，代替她做判断、做事。在她受伤、犯错的时候，陪着她，让她知道你对她的支持与爱并给她再尝试的勇气。

一开始我也和大多数家长一样，不知道要如何带孩子，但我知道，我不能把自己带有社会背景的思想强加给孩子，孩子面对这个世界还是一张白纸，需要她自己去描画。我很尊重孩子的行为举止，即使自己看来孩子做了很不可思议、不能理解和接受的事情，也不轻易地打断女儿或以大人的方式去告诉她对错好坏。在女儿童年的时候，尽量以她们的快乐为本。

记得羽毛儿刚两岁多会走路的时候，一天我打着伞和她在雨中走，每当她听到自己的小脚丫踩到小水坑就会发出"啪唧"的声音，她忽然停下了，然后发现新大陆一样地用小脚丫试探性地又去踩了一下面前的"小水坑"，然后"小水坑"乖乖发出"啪唧"的声音来回应，她踩得越多，回应也越多。她一下开心起来，抬头看着自己面前大大小小的水坑，就开始跑，见到一个水坑，就双脚跳进去，溅出许多大的水花，溅得我们满身是水。看到女儿兴奋地在各个水坑中穿梭，我在她后面跟着，给她撑着伞，虽然水坑中溅出来的水比雨还大的洒落在我们两个人的身上。

我没有制止羽毛儿，而是在她身后一直撑着伞跟着，陪着她去踩水坑。羽毛儿快乐地望着我，示意我也去踩，她想让我分享她的快乐，我接受了她的邀请，也跟着她一起将自己的皮鞋踩进了水坑……

路人看到了，投来异样的眼光，我当没有看到。没有什么可以打扰孩子的快乐。直到羽毛儿跳累了我们才回家。

回到家，我自然是被批了，说怎么带孩子的，弄得孩子全身湿透，会生病感冒等等，我什么都没有解释只是默默地帮羽毛儿洗澡换好干净的衣服，把湿透了的衣服拿去洗。保护着孩子童真的快乐，让孩子在该有的年纪尽享自己的快乐，是我一直以来追随的路。

记得雨点儿在用嘴感知这个世界的过程时，她抓到任何东西都往嘴里放。这是每个孩子都会经历的阶段。但有的家长说孩子小，身体免疫力不好，怕孩子生病不让孩子吃手或抓东西放嘴里，为此还想了不少招数。比如，给孩子的手上和抓的东西上擦上苦的药水，这样孩子就不会再吃手了或把手边的东西往嘴里塞了。我当时不忍心这么做，我觉得孩子虽然无法用语言表达，但这个过程对于她来说应该是很美妙的。毕竟如果你正在品尝一样东西，或者抚摸一样自己喜欢的东西，都不希望半途被人抢走。所以每次看到她吃手，我就把她的小手洗干净，并买了酒精喷雾，把那些可以往嘴里放的玩具全部用酒精消毒并洗干净，这样保证她的卫生。所以对于用嘴来品尝自己抓到的东西，我从来没有制止过，一直呵护着女儿的每个过程的自我发展。

后来我读了一些相关的书籍，有说到孩子在长大的过程中要经历多个敏感期，如果这些敏感期没有度过好，有"未完型"的能量存在，会给孩子长大后的潜意识造成许多的困惑而不自知，比如吃手的"未完型"如果没有得到满足，长大了就会爱吃糖、零食或者抽烟等一些难以控制的习惯，而自己却不知道为什么会这样，都是儿时的这个需求未被满足造成的。

对于大多数第一次为人父母的家长来说，在不知道自己如何面对刚出生的孩子、如何面对自己子女教育问题的情况下，都是延续和模仿了自己父母辈的教育方式来教育我们的下一代。

在我们父母辈的年代是权威教育的时代。父母是孩子的权威象征。到了学校，老师成了孩子的权威，等孩子长大后到了工作岗位上领导成为了权威，在这样的权威下，孩子从小无法发展自主的创造力，被培养成听话的孩子，殊不知这样会压抑孩子的天性，并不是以发展孩子自主认知为教育本色。孩子们被教育成必须服从权威，否则就会被惩罚的没有自主思维能力的人。

对于权威教育下的父母都有一个潜在的声音："你必须成为我希望的样子我才爱你。"这些家长给孩子的爱都夹杂了控制，夹杂了对不完美自己的不接纳，并把自己内在的缺失投射到了孩子身上。希望在孩子身上得到弥补，所以有那么多望子成龙、望女成凤的家长，想通过孩子成全自己以前的缺失，放了太多的期待在孩子们身上，给了孩子很大的压力，忘记了孩子本应该有的天性。没有给到孩子应得的爱和尊重，而这些是一个孩子的基本需求。

这样教育下给到孩子的潜台词是："我必须成为你们期待的样子，我才配得到你们的爱。"要孩子们有条件的交换，才可以换得我们本应该给孩子的爱。这使得大部分的孩子看到的是"妈妈好严厉，我要变得更好才能得到妈妈的认可""爸爸又批评我了，说明我做得还不够好"，孩子们的内心就在这样不断地否定自己中成长。

而无论孩子多么努力，都不能完全按照大人的心思去活出大人期望的样子。在巨大的压力下，孩子们就在自己的内心造出了一个无法填补的需求黑洞。

我们需要知道的是，孩子的人生剧本不是我们的续集，他们应该有自己的剧本。我们做为家长不要再延续自己父母错误的理念来对待自己的孩子。不要让你身上的阴影在你的孩子身上重现。我看到不少家庭中但凡孩子懦弱讨好的，基本上都是有个强势的父母，再往上问就是有强势的爷爷奶奶，这些不是毫无根据的。

变"否定"为"肯定"

我们要知道，人的能力是可以努力培养的，要以开放的心态去评估孩子的成长，要相信虽然人的先天资质、才能、性格等各不相同，但都可以通过努力和经历来改变。同时，不要总盯着孩子的成绩，要以学习本身为目标，保护孩子的好奇心和求知欲，让孩子在自己学习的过程中看到自己的不足，看到自己还有什么样的可能性，学会不断地挖掘自己新的可能性，我们每位家长都应该通过自己的成长影响孩子们的成长。

孩子遇到任何事情，先不要否定，学会说"是的"，学会把否定语改成肯定语。说"是的"价值在于当你开始说"是的"时，其实内心开始建立了一种接纳的状态，而不是关闭的状态。人们其实很习惯性的先用否定来对待即将发生和突如其来的事情，这是潜意识中的一种本能，怕被改变的本能。"怕改变"是我们的人性决定的，也是我们身体的机能决定的。

要知道这样一个事实：我们身体中的每个单细胞和组织系统都在尽最大的努力，使我们的一切保持相同，以求最小消耗为主在运转，所以我们人类的大脑和身体才会具有很强的适应能力，一旦适应就很难改变，不愿意去重新组合。这就使得人类一遇到外在环境有可能的变化第一反应是拒绝，就会用否定的方式来面对。

要想改变这样的潜意识状态，就要学会先说"是的"，告诉自己，我可以改变，在这样接纳的状态下，人更容易把注意力放在应对上，而不是抗拒上。说了"是的"之后，让你开放了接纳的状态，还需要看看有什么更多的可能性，要看看自己能为这个"是的"做些什么。

卡耐基的《人性的弱点》中也提到过类似内容，书中大概的意思是大多数人说了"是的"以后，用"但是"来结束，反而更糟糕。比如，领导召见谈话，总是一番表扬以后再来个"但是"，这其实是一种变相的Say No，而且比直接拒绝危害更大，因为对方接受到的信息是肯定后的转折，后面"但是"就有了批评的意味，这样一来，前面的肯定就成了批评的铺垫，而失去了接纳的意义。

所以，当我们在对自己或孩子的一个问题说了"是的"之后，接下来是要问自己"我能怎么做"。

比如，当你看到我说的要如何做个不成为孩子的"绊脚石"时，一般人会习惯性问自己："我能不能做到？"这样的问话实际上就是在否定自己了。你需要做的是把这样的问话改成："我怎么样才能做到……"

比如，在我的另一篇文章《有梦想让我们去试试》中给孩子做榜样的那个例子，您读了之后，脑子里想的是："我能不能给孩子做好榜样？"还是："我怎么做才能给孩子做个好榜样呢？"看似简单的两句话，实际上是反射了两种不同的心态。这会直接影响你下一步的行动。所以学会把否定语改为肯定语是关键的一步。

其实平时大家用否定语时并不自知。你可以在家做个练习，就是把你平时常说的否定语写下来，然后逐条在旁边改成一句肯定语。之后，用你改过来的肯定语去说话，并且可以让孩子来协助监督。

我记得当初我在家做这个练习的时候，当我一说出否定语的时候，女儿就会提醒我说："妈咪，要说肯定语哦！"当我听到孩子的提醒，就会抱抱她，感激她的提醒，她也会用肯定语来回馈给我。所以用肯定语练习来和孩子进行互动真是太棒了！现在我们家都是在用肯定语说话，氛围特别好，这样也大大减少了彼此争执、对抗、不和谐的事情。

女儿每天一回家就抱住我说自己幸福死了。看到其他孩子总是被家长们否定，而我们家天天都在肯定彼此，让她内心充满了自信。看到孩子脸上洋溢的笑容，自己内心也很有满足感。

特别想提醒各位家长们，在和孩子交流和沟通的时候，一定要会活用肯定语。肯定语能给孩子提供独立思维和行动的情感养分，孩子需要肯定，犹如植物需要水分，肯定是教育的法宝，运用好能有效激发孩子的自主学习动力，肯定可以肯定的部分，正面加强。

当孩子做的某事没有达到理想的结果时，要学会引导孩子复盘，怎么做才能让事情向更好的方向发展？让孩子自己想想有什么更好的方法？引导孩子从一次不理想的结果，看到自己能收获什么。而不是直接指责孩子为什么又没有做好，或者让孩子检讨自己做错的原因，再或者就是直接给出大人们所谓对的建议，然后又说我都是为了你好等等的话，最让孩子恨的就是此时再搬出"别人家的孩子"等。这样的沟通都会给孩子的成长带来不好的影响。

还想提醒各位家长，不要一说用肯定语，就对着自己的孩子说："宝贝，你好棒呀！""宝贝，你好聪明呀！""你好有天赋呀！"等这样的话语。这样反而会让孩子以"聪明""有天赋"来自居，会让孩子守着自己所谓的聪明和天赋，不再努力。当你一直满足于自己某个优势或者某个成绩时，就会为了守住所谓的优势而停止成长。

那么要如何来和孩子表达肯定语呢？

你需要真正去观察孩子的闪光点去肯定，用闪光点去贴正向的标签。也就是强调孩子的努力、过程和为了达到自己的目标，自己所做出的各种尝试，从这之中找到正向标签来表达。比如，当孩子通过自己的努力进步了，你需要肯定她的时候，你可以这么说："你的进步说明你这段时间真的很努力、很用功。你通过自己规划的目标和学习方法，并把纠错作为重点去反复测试，看来真的奏效了，我看到了你会合理安排自己的学习，会在这个过程中想办法并付诸行动，懂得为自己负责了，妈妈为你骄傲。"这是我常会对孩子说的话。

要知道，孩子很在乎家长对他们的认可！大人越强调什么，孩子越会为之努力。比如，在我给孩子做榜样主持人的那个案例中，当我看到羽毛儿敢于自己去和老师申请主持的机会时，我不是表扬她很棒，我是表扬她很有勇气去为自己的目标做尝试；当她站在舞台上的时候，我不是表扬她很优秀，而是表扬她很自信的在呈现自己等等。

在这里大家可以想想"棒"和"勇气"的区别，"优秀"和"自信"的区别。当然这个不仅仅是对孩子，对大人也同样有效。

两套标准听谁的

许多家长会有两套标准，一套对自己，一套对孩子。比如，自己在家看电视，却逼着孩子写作业；自己在打游戏消遣娱乐，却逼着孩子去读书。可以想象在这样的情况下，孩子读好书的可能性是不大的。当孩子问为什么大人就可以看电视娱乐，而孩子就只能学习。这时家长常会抛来一句话：父母白天要上班，要赚钱养家很辛苦，晚上回到家休息消遣是天经地义的，孩子的任务就只有一个——读书。其中道理，等你长大了自然就知道了。

这样简单粗暴的回答，我想是无法说服孩子的。孩子会想：大人上了一天的班，会累要休息，可孩子白天也是上了一天的课，也会累，为什么孩子就要晚上继续写作业上补习班，而大人就可以休息？为什么无法解释的问题总是要等长大了就知道了？小孩儿就不能理解，就不能知道答案呢？这样的回答和行为只能让孩子对未来更模糊，对为什么要读书更茫然，对自己生命的意义感更摸不清方向。

小雨点儿也问过我同样的问题。那时，我们刚搬家，我坐在新装修的客厅看电视。雨点儿问我为什么她需要放学写作业，而我没有作业，还可以看电视，而小孩儿却不可以这么做，她认为小孩儿就应该玩儿呀。为什么要把玩儿的时间，都用来写作业。当时我听了雨点儿的话，立刻意识到，自己看电视的行为影响了孩子。

确实，我很难回答孩子这个问题。

虽然当时我回答了孩子说妈妈小时候也需要读书写作业，不能看电视的，而且读书是为了让我们多识字，以后能读更多有趣的书籍，能表达出自己更多的思想，让自己的人生更有趣。可我说完，还是觉得只是表达了这些观点，并没有实际的意义，不管孩子听得懂还是听不懂，我都没有真正让她明白为什么孩子要读书，读书的真正乐趣在哪里。而我需要做的不是用几句简单的语言说教，而是要做些什么让孩子真正知道读书的乐趣，并养成读书的习惯。

想到这里，我把家里的客厅进行了改造。把茶几换成了大桌子，把刚买了不久的沙发换成了六个书柜。这样客厅就成了书房的样子，营造了一个学习的环境。

每天放学后孩子们就在这个大桌子上写自己的作业，我回来后，也在这个桌子上摊开自己的书来阅读做笔记、写作，偶尔也在这里练习书法。

我们各自学习各自的，互不打扰。我也不会监督她们写作业，只是安静地读自己的书。家里的电视再没有开过。孩子们习惯了这样的学习氛围。写完作业后，也会拿出课外书来读，偶尔也会和我一起练习书法。

在这样的氛围和环境下，孩子看到我和她们一起阅读、学习，再也没有问过类似的问题了，基本上都是问我和阅读相关的内容。我们共同选择喜欢的书，探讨书中的人物和相关的内容，分享读书的内容和乐趣，她们常和我讲她们读完一本书后的读后感和自己的看法，养成了很好的阅读习惯。羽毛儿和雨点儿在这样的环境下读完了"哈利波特"系列书、《福尔摩斯全集》《隋唐演义》《三国演义》《居里夫人》《简·爱》《三体》等多部小说和上百本的儿童文学系列书籍。

  家长是孩子的第一任导师，孩子的许多东西都是从家长身上潜移默化学来的，所以作为家长的我们，就更要注意自己的一言一行、一举一动。要想让孩子不断成长，自己就要先养成不断成长的习惯。成为孩子想成为的样子。

  改变毕竟是不易的，许多想法和观念在我们成人的大脑中已经运行了几十年，你能发现你的潜意识的想法都不容易，更别说改变，这需要一个过程。可能会很长，可能会很难，可能会很痛，但这一定值得！换一个角度去看待家长的身份，可能会为你和孩子共同开启另一片天空。相信你今天日积月累的改变，将来会让自己和孩子刮目相看。

  成长不仅是孩子的事，也是我们每位家长的事。是每个人一辈子的事，它无关年纪，无论何时，停滞成长，才是最可怕的衰老。

  我很庆幸没有辜负这两个生命对我的信任。在陪伴女儿的路上，没有折断她们的翅膀，并看到她们对待事物有自己的独立思考能力，和日渐丰满的羽翼，成为自己独特的风景。

让孩子的话再"飞"一会儿
——耐心聆听，让孩子充分表达

你是好听众吗？

我想，初为父母的人都励志要做称职的爸妈，给到孩子全部的爱。在怀抱孩子第一刻的时候，就对孩子呵护有加、关爱备至，真是含在嘴里怕化了，捧在手心怕摔了。在孩子还小、不会用语言表达时，家长主要照顾的是孩子的身体成长。对孩子的冷暖温饱照顾得无微不至、尽职尽责。可是等到孩子长大了，开始会表达了，这个当初的小天使好像忽然间就变成了小恶魔，会发脾气了，常常几句话说不到，就惹得家长愤怒、无奈、束手无策。他们好像天生有一个能力，就是能很准确地按到家长的"开关"，让家长瞬间就"爆炸"。

作为家长，我们总是希望自己能培养出一个全面的、完美的孩子，让他有独立的思维能力和幸福的生活。在对孩子的教育过程中我们会过度担心，担心自己万一有一句话没有说到，伤了孩子的内心；万一自己引导错了，带孩子走入了误区，给孩子的内心造成了负面的影响……

我们担心孩子，是因为太在乎，这源自于家长的爱。过程中我们也抱怨孩子，抱怨他们总是不会自己照顾自己，说了多少遍孩子都不听。

其实抱怨的背后是我们内心的渴望，渴望孩子成为那个更好的自己。可是实际情况却总是事与愿违，我们怀着对孩子的爱与期待陪伴孩子成长的过程，却好像处处得不到孩子的认同，而且，我们越是竭尽所能，他们的反抗就越强烈。问题出在哪里了呢？

比说教更重要的是聆听。家长们往往在耐心聆听上出了问题。

记得有这样一个故事：美国知名主持人林克莱特，有一天采访一个小孩子，问他："你长大后想当什么啊？"

孩子说："我要当飞行员。"

主持人继续问："那么如果有一天，你的飞机飞到上空没有燃料了，所有的引擎都熄灭了，你会怎么办呢？"

孩子想了想说："我会告诉飞机上所有的乘客系好安全带，然后，我背上降落伞跳出去……"

没等孩子把话说完，在场的观众都哄然大笑，大家心里想着，关键的时候还是想着自己呀，连孩子也不例外。

而林克莱特继续注视着孩子，想看他还要说什么。

没想到，孩子面对观众们的哄堂大笑，眼泪夺眶而出，一脸的委屈和无辜。

这时，主持人鼓励孩子继续说下去，孩子坚定地说："我是要跳伞回去拿燃料，然后再回来救他们。"

接下来可想而知，轮到在场的观众们的茫然和愧疚了。因为他们没有把孩子的话听完，便自以为是的去评判了一个孩子的纯真，而产生了对这个孩子的误会。

这样的场景各位家长是否感觉非常的熟悉呢？我们每天都听孩子说话，但好像我们并不是一个好的听众。我们用自以为是的心态、以自己为中心的状态去听，其实根本没有听到孩子真正想表达的内容。有时我们根本没有听完孩子的话，就带着自己的评判去回复孩子，这是因为我们仅仅是做出了"听"的样子，并没有真正调动自己的内心去聆听。

家长们的思维模式一般基于：我是大人，我是对的，你是孩子，你还没有经历过人生；我是你的父母，我所做的一切都是为了你好。这样居高临下的姿态与孩子交流，实际潜意识是说服而不是沟通。是在和孩子传达了不要相信你自己的看法，我的观点才是你需要依从的。只有按大人的意思做，才是最正确的、最合乎常理的。即使孩子提出了抗议或者反对意见，基本上也是直接被驳回，不给孩子表达观点的机会。从某种意义上来说，是剥夺了孩子的思考和成长的权力。

家长用试图说服孩子的心态与孩子沟通时，虽然这话没有从口中说出来，但这个立场已经确定了你说话的方式和态度。基于这样的心理暗示与孩子交流，孩子是能感受到你只是想说服而不是平等的交流，从而会开启自己潜意识的防御机制，不再与家长进行交流。

没有品质的聆听成为家长面对孩子最大的障碍。

其实对于孩子来说，如果他能感到家长在用心聆听，能够得到家长的理解，许多的问题他是可以自己找到解决办法的。

羽毛儿一直很喜欢唱歌，小的时候自己就去报名参加了学校的校园歌手大赛，在没有学习过任何声乐的基础上，竟然获得了不错的成绩，进入了"学校十佳歌手"。到了初中，她忽然想请个声乐老师来学习声乐。

征得我的同意后，她就开始自己主动找老师了。那段时间，她贯穿于附近的培训中心去咨询，也问了学校里她觉得唱歌不错的同学，还找过学校音乐老师推荐，收集了一些声乐老师的信息。经过她自己的筛选后，她锁定了一位好朋友的声乐老师。羽毛儿约好旁听课的时间后，请我最终协助她做参谋。

在约定好的时间，我们到了培训中心开始试听。那节课老师讲了一首民族歌曲《好一朵美丽的茉莉花》。课程结束后，羽毛儿和我走出培训中心，她拉着我的手问我怎么看。我没有先发表自己的看法，而是让羽毛儿先说说自己的看法。羽毛儿开口第一句话就说："这个老师的废话太多了！"

听到羽毛儿的话，我的心先紧了一下，从我们这代的教育理念中，是不可以这么评判老师的。让人感觉很不礼貌、没有教养。内心很疑惑，羽毛儿怎么能说出这样的话？但我没有直接批评孩子，而是抱着持有好奇心探寻地问羽毛儿："这话要怎么理解？你能和妈妈多说说吗？"

羽毛儿并没有察觉到我的诧异和自己的话有什么不妥，继续和我表达她的观点："是这样的，妈咪。我觉得整个课程中老师有一半的时间都是在为了表现自己而说的话，而这些话和课程本身并没有关系，她在给我朋友上课的过程中并没有把自己的关注点放在教学上，也没有放在学生身上，而是放在了表现自己上，而这个表现就是为了让我和你看而已，为了吸引我们来上课所做的表演，这个给我的感觉并不好。所以从这个角度来讲，我觉得老师说了许多的废话。"

听完孩子的观点，我表示认同，她能看到这个层次，我还是挺欣喜的。而且从孩子的话语中，我能感觉到孩子只是说了事实，并没有对老师进行评判，也没有态度上的不礼貌、不尊重。我庆幸自己耐心地听完了孩子的话，而没有一听到这样刺耳的话语就去指责孩子。

我继续让羽毛儿说说自己试课还观察到了什么。她说她还注意到，这位老师说到她上课会又教钢琴又教声乐，会比较丰富多彩，交一份上课的钱可以收获声乐和钢琴两个专业。羽毛儿说自己的判断是她这两个专业都不精通。不适合自己想专业学习声乐的想法，这样的老师只适合培养对音乐入门有兴趣的学生。通过老师在课堂上给学生的声乐示范和钢琴的伴奏，她还观察到在这位老师的教学中，有许多的固有模式。

比如，老师只是一味地让学生模仿自己的发音，并没有根据学生的自身条件来看如何让学生在自己的能力范围内唱到更好，发挥出学生本身声音条件的特质。从这个学生的声音条件来说，唱这首歌并不适合。而且这个学生模仿的只是老师民族唱法的那种尖细的声音，是学生尽量想做到和老师的音色保持一致，而不是发声的方法。但对此，这个老师并没有在发音方法，或如何发出这样音质的内在原理上给学生过多的指导，而只是一遍遍的让学生在音色上与自己更贴近，这让羽毛儿看到这位老师在教学思路上不扩展。

听完羽毛儿说完自己的看法后，我问她的选择是什么？她说自己会再重新寻找老师，这个老师不适合她。

我又问她为什么当初在自己选择的老师中最后锁定这位老师来试课？

羽毛儿回复说：因为和这个老师的学生是好朋友，她的好朋友给她介绍说自己的老师不错，她确实也看到了朋友这一年以来的进步。自己因为相信了好朋友的判断，还有就是朋友积极主动地帮自己联系，自己会有些过意不去，就做了这样的选择。但试课之后，羽毛儿看到朋友是从自己的角度和她介绍的老师，确实比较适合她的朋友，但并不适合自己。朋友在介绍老师的时候，有自己主观的一面。这次的经验让她知道了下次面对这样的情况时会更客观地做选择。

我听了羽毛对整个试课的观点后，感觉对于一个十三岁的孩子来说，她能有这独立的思考能力，能有这样的观察和分析能力，已经很不错了。从我学习音乐的专业角度来评价这位老师，羽毛儿说的确实没有错，这位老师适合入门的培养和对音乐产生兴趣的学生。并不适合羽毛儿想要提高声乐水平的标准。

耐心聆听，让孩子充分表达自己的观点，过程中多提问，而不是给建议，可以引导孩子进入自己深度的思考，建立自己的思维能力。

感受四元钱的爱

有的时候孩子和自己的观点是对立的，也要学会拥抱孩子的观点。因为孩子的观点未必就是错的，只是我们彼此站的角度不同而已。

比如，我拿起一支笔，横着摆在面前，我说这支笔是一条直线，没有错，从我这个角度，它看起来确实像是一条直线。而你说是一个点，其实也没有错，因为你在我侧面位置上的角度来看，它确实是一个点儿，如果我们彼此不移动脚步，我从我的位置上移动到你的位置上，你也从你的位置上移动到我这里来，估计我们争论多久都不会有结果。这是因为我们从自己的角度来看我们所持有的观点都是对的。

作为家长，要学会主动移动自己的位置，蹲下身子到孩子的位置去看一看，也鼓励孩子能站到我们的位置上来看。让彼此知道我们的角度各有什么不同。对待孩子的观点多保持好奇心和耐心，去听听孩子的表达。

挖掘孩子的内心，这样能协助我们家长更多地了解孩子的想法，促进彼此的亲密关系。

当你了解到孩子眼里的世界和你的不同，了解到孩子有自己的认知与价值体系，其实会让你变得更温和、更宽容，使你更清晰地看到孩子的思维状态，让家长也会对孩子多一些悲悯心。

记得有一天晚上八点多了，羽毛儿急需一本第二天一早上课要用的书，

第二章　学做智慧家长，陪孩子共同成长

我就说赶紧带她去书城买，雨点儿听到了，也想跟着去。姥姥不同意，说是因为第二天雨点儿要考试，她去一点儿意义都没有，而且作业也没有做完。

我看雨点儿很渴望的眼神，就问她作业还有多久可以做完，她自己测算了下说大概半个小时，我又问她对于明天的考试，她需要复习多久。

她说她有把握考好，不需要复习。我告诉雨点儿我们买书的整个过程大概需要一个小时，问她是否确定这样的时间对她来说是没有影响的，雨点儿算了下时间说没有问题。我们就一起出发了。

到了书城，我们快速找到姐姐羽毛儿需要的书籍后，就往回走，路过一家蛋糕店门口时，两个孩子都停下了脚步走不动了。渴望的小眼神望着我问是否可以去买好吃的蛋糕。你看，孩子就是孩子，看到好吃的就走不动了，尤其是美味的甜品。

我看了下表说："给你们五分钟时间，自己进去选择喜欢的快速买单出来。"

话毕，两个宝贝儿就进了蛋糕店。羽毛儿很快选好了自己想要的蛋糕去买了单。雨点儿却在一个蛋糕柜前看着两个蛋糕犹豫不决。

时间一点点的过去，她还没有做出自己的选择，我开始有些不耐烦了，脑子里冒出"这个孩子怎么会遇到任何问题都没有自己的主见，总是这么犹豫不决"的想法。我这么想是基于雨点儿以前也出现过几次这样的情况，最后她总是迁就姐姐或迁就了大人，不做自己的决定，这会让我产生雨点儿没有主见的评判。

我看到雨点儿左右为难的样子，虽然着急，但还是很心疼，我并没有用刚才脑子里冒出的声音和她对话，而是蹲了下来问她："宝贝儿，在选择蛋糕上遇到了什么麻烦吗？"

雨点儿可怜兮兮地望着我说："妈咪，我现在在凯蒂猫和小房子这两款

蛋糕上不知道要如何选择了。你能帮我选一个吗？"

我望着低着头不知所措的雨点儿温柔地说："宝贝儿，蛋糕是雨点儿要吃的，不是妈咪要吃的，所以还是需要雨点儿自己选择喜欢的，你可以告诉妈咪是什么让你这么为难吗？"

雨点儿抬起头认真地和我说："是这样的，妈咪，我第一眼是看到那个凯蒂猫外型的蛋糕很喜欢，问了服务员说里面是巧克力口味的，也是我喜欢的口味。服务员接着又推荐了这款外型是小房子的巧克力蛋糕，说这款在做活动打八折，打完折下来比那个凯蒂猫的便宜四元。我就开始为难了，因为同样是巧克力口味，只是外型不同，而我喜欢的凯蒂猫外型的就要贵四元，但吃到嘴里其实都是一样的。可我确实是喜欢凯蒂猫的款式，它看起来太可爱了，但我要是多花四元仅仅是因为外型不同，吃起来其实都一样口味的蛋糕，我又觉得特别对不起你，我不想随便多花妈妈的钱，所以特别纠结。"小雨点儿说着说着声音越来越小，很委屈的样子。我看着很心疼，有些责怪自己，孩子这么纯真的心，她的犹豫是因为怕我多花钱，而我怎么能那么武断地去猜测孩子是因为没有主见呢？

听到这里，我搂着雨点儿的腰微笑地对她说："谢谢雨点儿这么为妈妈着想，妈妈知道了。那妈妈也想和雨点儿说，因为妈妈很爱雨点儿，妈妈希望花的钱是能让雨点儿快乐的，希望雨点儿买到的东西是发自内心喜欢的东西。商场一定有各种各样的促销手段，那是商场根据自己的商品情况做的一些商业策略，妈妈不希望你因此受到影响。虽然你可能选择了少花四元钱买了相同口味不同造型的蛋糕，我想这多少会让你心里产生遗憾，不然你就不会在这里犹豫这么久了。口味虽然一样，但那不是你买蛋糕唯一的需求，视觉需求和你内心对凯蒂猫这个造型的喜爱需求，也一样重要对吗？所以你看，如果你买到真正让自己喜爱的东西，满足了自己所有的需求，虽然可能贵了四元，但妈妈会觉得这四元花得特别特别的值，因为妈妈会为你能选择到自己真心喜爱的东西而开心。

雨点儿听完我说的，小脸儿笑开了花，眼睛弯成了两个小月亮，愉快地点了点头，开心地去找服务员，选了那个凯蒂猫的小蛋糕。

虽然看似一次简单的购物，其实里面包含着孩子对我满满的爱。我很庆幸自己有耐心去探寻孩子的内心，没有武断地把自己以为的当做事实去评判孩子。如果我当时直接按照脑子里冒出来的猜测，认为孩子是没有主见的表现而去这么说："你看你选个蛋糕都这么久，怎么这么没有主见，明明知道赶时间，而且你作业还没有写完，明天还要考试，还在这里耽误时间，随便选一个不就行了，一个小蛋糕嘛，至于那么纠结吗？"我想后果不堪设想，我会伤害一颗爱妈妈的纯善的心，我也永远无法感受到孩子对我的那份爱和那份善意，我也无法和孩子的心靠得更近。

那次雨点儿笑开花儿的面庞，到现在我都记忆犹新，每每想到雨点儿的那个犹豫是因为怕我多花四元钱而感动。

作为家长，我们经常会以为已经足够了解孩子，所以会忽视我们对孩子的聆听，习惯用下载式的聆听，这样的聆听根本就没有听到对方，听到的只是你自己，你在自己的世界中是封闭的。并没有和孩子产生互动，是听不到孩子所传递的真正的信息和内容。

有品质、有耐心的聆听，需要家长关注孩子在沟通中的情绪和感受，不要只是去反应具体的物事。对情绪的同理往往比问题本身更重要。要能听到孩子在叙述事件过程中的感受和情绪，和在表述的背后藏着什么样的意见和想法、带有什么样的态度。如果能在这个层次进行聆听，就能让孩子感受到被接纳和尊重了，让聆听变得有温度并充满了爱的品质。

当孩子说的话和一些举动与我们成人的认知不同时，我们要试着把孩子不同的意见想象成自己未知的部分,让我们多些宽容心和耐心去面对孩子,去拥抱孩子的那个和我们不一样的立场吧。学会当孩子在说的时候,让孩子的话再"飞"一会儿。

part 3

有梦想让我们去试试
——做孩子学习的榜样

"一目了然"的榜样

在羽毛儿上小学的时候，我带她一起看了《我是演说家》这个节目。当时羽毛儿一下被语言的力量所深深吸引。每一期都不落下，听得非常认真。她特别佩服那些评委老师，从她眼中，我看到了羡慕和向往。我告诉她那些评委老师都是主持人出身，所以口才特别好，思路也很清晰，逻辑思维能力很强。她听了之后，就忽然迷上了主持这个行业。之后，她时不时会问我："妈妈，当主持人很难吧？要很厉害才行吧？这辈子估计我是不行了吧？"给我感觉，她非常向往做主持人，但对于自己能否成为电视上看到的那个形象是有距离感的，是没有自信的。

看到孩子开始有自己的梦想和方向了，我自然是感到特别高兴。就鼓励她说："你才几岁呀，当然可以啦。只要你从现在开始学习，一定可以的。"我告诉她主持人一般要从学习绕口令开始，于是我们两人就去书店选了几本绕口令的书来练习。刚开始，她还很有兴致地练习了几首绕口令，但仅仅就是会了几首绕口令，让她感觉电视上那个侃侃而谈、口若悬河的主持人的距离好遥远，她要成为主持人是一件遥不可及的事情，所以根本没有动力继续练习下去。

我看到这个情况，内心也很着急，不希望孩子刚刚建立了这么一个梦想，就被扼杀到摇篮里。我一边鼓励并陪伴孩子继续学习绕口令，一边考虑如何能给孩子做个榜样，找个自己能尝试的机会。

这个机会真的被我等到了，记得在一次"中国好项目"第三届晚会招主持人时，我就报了名。在面试会场上，形形色色的人还真不少，我看有人说自己是主持过上千人的晚会呀、主持过上百场节目呀、是哪里的特约主持人呀，好像都很有经验。而我用现在流行的话来讲，在这方面是素人一枚，要说起主持经验，也就是读书的时候，在学校里主持过文艺节目而已。但这也无法作为谈资在众人面前提起呀。

很快就轮到了我，记得当时我急中生智运用了孔明的"空城计"：当三位评委老师看着我的时候，我微笑并镇定地望着三位评委老师的眼睛，说出了五个字："一目了然啊。"当我话音刚落时，我从三位评委老师的眼中看到了疑惑和不解，然后我又微笑并镇定地补了一句："还需要我说什么吗？"依然保持着镇定和脸上的微笑。现在说镇定，其实当时内心还是很忐忑的，为自己这样的冒险捏了一把汗。那瞬间我联想到的是孔明在城头上演奏古琴的场景。就在这时，只见那三位评委老师对视了一下，分别点了点头，停了几秒后，说："那就你吧。"

就这样，我赢得了第一次上台主持的机会。之后，我带着女儿一起，从策划公司的指点，到彩排和晚会现场、服装的选择等，带她参与了全过程，当我站在高高的舞台上向她挥手时，我看到了她内心的坚定和眼神中的光彩。

从那以后，我真的接了许多关于主持的邀请，开始了自己半业余的主持生涯，也真的主持了上千人的大会，主持了各种开业仪式、晚会、年会、婚宴、孩子满月等。在为中国残联主持"公益万里行——深圳站"时被授予"爱心天使"的称号。还被邀请上过深圳卫视、广东卫视、星光卫视等一些相关栏目做嘉宾。此时，通过我的经历和榜样，我的大女儿有了动力，也大胆地找老师提出要求，要参与学校的主持，希望老师能给与她机会，她愿意"竞争上岗"。并且她自己也很关注学校任何有关需要主持的活动，只要听到学校、军训有类似的活动，她就会主动去找老师申请，把握机会。

记得羽毛儿在参与一次学校组织的军训活动，那次活动的最后结营需要主持人，她就积极报名了，一直凭借绕口令的准确和快速不出错走到了最后。她回来开心地告诉我说，原来练习绕口令真的很有用！原来妈妈说的是对的，学习主持人的第一步确实要练习绕口令。到现在为止，她遇到好玩儿的绕口令，都还会收集并背下来练习，保持自己的口齿清晰。

现在，羽毛儿所在的学校只要有主持活动，一定会找她，她成为了学校的特约主持人，主持了学校多场晚会。在她们学校的毕业汇报典礼上，当她的身影直播出现在各个班的电视上时，我看到了她自信的笑容和眼中的光芒。就这样，羽毛儿人生中的第一个梦想，就在她们学校的礼堂实现了。有了这次的成功经验，她提升了自信，让她了解到：有梦想，远不怕，先试试。

妈妈的一次榜样，给了孩子信心与支持，让孩子敢于去争取自己想要的梦想。自从羽毛儿有了这次做主持人的成功经验，她对许多事情都不再胆怯，也不再否定自己了，都抱着开放的心态，愿意去先试了再说。

记得在羽毛儿小学的时候，由于我们搬家而给孩子换了所学校。在以前的学校里，羽毛儿是学校合唱团的成员，她特别喜欢唱歌。到了新的学校后，她很渴望能继续唱歌，打听到这所学校也有合唱团，很开心，入校第一件事情，就是自己去了合唱团找老师报名。但被合唱团的老师告知现在合唱团满员了不需要人，暂时也没有招新成员的意向。羽毛儿被拒后很失望。中午回来和我表达自己真的很想继续参加合唱团，她太爱唱歌了。我看到她一脸的失望，自己心里也很不是滋味。但老师已经这么说了，我想也只能接受转学带来的这个"副作用"了。

这之后没多久的一天，羽毛儿下午放学回家，特别兴奋地和我汇报说，她正式成为了新学校合唱团的成员啦！我很高兴，但也感到意外。很好奇老师不是上周才说不招新成员，羽毛儿不也是因此被拒绝了吗？还没有等我问原因，羽毛儿已经迫不及待地给我讲述她被录取的全过程。

原来，上次羽毛儿被合唱老师拒绝后很不甘心，一直在想如何才能让老师给她一次机会。然后，她就想如果多一些人一起去报名，老师会不会就网开一面呢？所以她就抱着试一试的态度，在她刚进入不到两周的新班里鼓动大家参加合唱团，并给大家列举了参加合唱团的诸多好处，结果她们班有六位同学被她说动了，相约一起去报合唱团。羽毛儿带着班里的这六名同学一起去见了合唱老师，老师一看有这么多孩子都想加入，果然就让她们都试试音，看是否有合适的录取，结果其他的六名同学都被刷下来了，只录取了羽毛儿一个。就这样羽毛儿如愿地进入了合唱团。之后，羽毛儿还通过自己的努力，又竞选上了合唱团的领唱。

我听了羽毛儿被合唱团录取的过程，为她遇到老师的拒绝不气馁，敢于去想办法争取自己想要的，并为此付出努力和实际行动而感到高兴。

我问她，不怕再被老师拒绝吗？羽毛儿说：拒绝了还可以再想办法，但不去试试就一定不能如愿。

听到孩子这么说，我很欣慰。在主持这件事上给孩子建立了信心，让她敢于争取自己想要的，并能付诸行动和努力，真是一次榜样的力量带来的意外收获。

可能有些家长看到这里会说，那是因为你有能力给孩子做榜样，可我们没有才艺、没有办法给孩子做榜样呀？

其实我认为，妈妈给孩子做榜样并不是一定要做成功的例子，而是有一个积极的态度，一个让孩子勇敢去面对的态度。

后天基因一样可以"遗传"

有一次，羽毛儿从学校回来，放下书包后，有些无奈和气馁地说："妈咪，你把好的遗传给了我，不好的也遗传给了我。"我问她这话要如何理解？她说："你看你数学、唱歌、钢琴、绘画这些好，我都遗传到了，你一直说自己英语很烂，碰都不想碰，所以我的英语也一样的烂，我这辈子估计都不会去考雅思了。"

我听了这话很震惊，也很难受。我确实大学毕业后就再也不想碰英语了，这么多年，都远离英语。但我不想因为我的英语不好，真的"遗传"给女儿，更对她说这辈子都不会去考雅思这个话，感到意外。我觉得如果孩子和我一样，面对英语的态度是逃避的，可能以后会因此缺失许多机会。如果想出国留学，这可能就会成为她最大的限制。所以当下我就做了个决定：自己去考雅思。

做这个决定对我来说是有难度的。自己很清楚自己英语水平本来就差，而且二十年没有再碰过英语了，英语的水平基本上就属于零基础，本以为这辈子都不用再看ABC了，可听了女儿的话后，我决定去学习英语，考雅思。

我上网搜索了关于雅思的信息，包括如何报名和报名的时间。根据时间选了四十天后就考试的日子，报了名。然后开始自己倒计时学习英语的计划。按雅思的听、说、读、写四门课来说，每门课我只有十天的复习时间，借到雅思真题书后，看着密密麻麻的英文字母，我头皮都发麻，觉得自己在做一件不可能完成的任务。那种感觉就是明知是个失败的结果却要全力以赴。

前两天的学习状态很不理想，一篇文章中基本上除了"yes""is""are"等单词外我都不认识，通篇都需要查字典翻译。一篇文章磕磕巴巴几小时下来，才勉强连蒙带猜地翻译出来。这要背下来，感觉是完全不可能的事情，我想那还是先背单词吧，就用手机下载了雅思单词来背，一天过了几百个单词之后，再重看时，全部都忘记了。又尝试用锁链记忆法、形象记忆法来拆解英文单词，结果收效甚微。这可真是急坏我了，花了两天的时间，感觉自己一步都没有前移。

听朋友的建议，我花了五千多购买了雅思学习包回来学习。按自己倒计时的计划，每天需要学习英语十四个小时左右，才可勉强过一遍。我就写了个学习计划，每天早上五点半起床开始背单词，然后只要有空就学习教材，连吃饭、走路、睡觉的时间也不放过，任何能播放英语的时候，都让英语包围着我，让自己完全浸入到英语中。

在学习的过程中，我遇到不懂的地方也会问羽毛儿，比如一次问她几个介词的应用，我好像总是用不好，羽毛很认真地梳理了所有有关我问的介词的内容，整理了出来，写了满满几页给我，并给我耐心地讲解。对于一些语法的不理解和应用，我也会问她，如果她回答不出来，都会用自己写完作业的时间帮我去寻求答案，然后给我讲解，认真地给我当起了"小老师"。

在整个过程中，我很认真地对待学习英文和面对这次考试，并没有因为我想给孩子打样而松懈学习，或者装模做样，或者去跟孩子讲，你看妈妈为了你怎么做的。我把自己当成和她一样的学生，真正去面对一次考试。

在这里我想提醒一下各位家长，许多家长在为孩子做些事情的时候，总爱把自己为了孩子而做的事挂在嘴边，感觉好像自己做了多大的牺牲一样，如果自己为孩子做点儿事，都不断强调是为了孩子而做的，不断强调自己付出了多少，牺牲了多少，这样的话，那还不如不做。要知道那样给孩子的感受非常不舒服，会给孩子被动的压力，反而适得其反。孩子因为你的不断强调，被迫地接受你的自我牺牲。让孩子被迫产生罪恶感，产生自责，这样的后果会让孩子更没有动力去做这件事情。

家长做榜样的核心，其实是要激发孩子的内驱力，让孩子因为看到你不放弃，敢于面对，产生自己对事情新的认知，从而改变自己的行为动力。作为家长只要表明自己的态度，这个事情你的行动是什么，你的努力是什么，你是怎么做的，仅仅是让孩子看见这个过程就可以，不管孩子是否因为你的榜样有所动作，都接纳孩子的状态，不要因为你做了榜样，就要求孩子必须学习，必须跟上，必须有所改变。NO，放下这个期待，不要把自己的行为强加给孩子，让孩子来承担后果。

比如，在我考雅思这件事情上，虽然我是因为听了孩子的话，自己内心希望孩子能通过我的行为建立起她自己的信心而去做的，但我并没有和孩子强调这个事情就是因为她让我做的决定，也没有让她关注我是怎么做的，我并没有传递一个我这么做，你就必须这么学的概念给羽毛儿。我仅仅是默默地做了自己的学习计划，去认真对待这次考试。

我只当成是自己面对一件自己不想面对的事情去做，没有给羽毛儿压力，羽毛儿看到的只是我努力学习英文这件事情和马上要面临的考试，她看我这么认真地去学习英语，便主动要求担任我的英语"小老师"，在过程中给我支持与鼓励，二女儿雨点儿看到我这么认真地学习，也很认真地协助我，她整理了一些月、年、特殊数字等的资料很认真地抄写下来，帮我练习听力并默写，两个孩子都利用自己的业余时间力所能及地协助我学习英文。希望我能考个好成绩。在这个过程中，我收获了爱和感动，我看到了两个孩子因为希望我能考好，而主动来协助我，帮我想办法，并陪着我一起背单词，给我找资料，协助我翻译。这四十天里，我的英文真的提高得很快，虽然离雅思的要求还相差很远，但我自己很知足。

就在我学习英文的这段时间里，有一天羽毛儿放学回家很兴奋地告诉我，她进入英文"阅读之星"的复赛了！

原来羽毛儿在学校看到一个英文比赛，她就自己报了名并录制了初赛的视频，发给了组委会，结果她进入了复赛。

她告诉我，去年学校就发过这个比赛内容，发到学校的时候，她有想过参加，但想到自己的英文水平，没有信心，就没敢报名。但今年她想试试，就自己清唱了首英文歌曲，竟然收到了复赛的通知，她好开心。我当然也很开心，我看到自己的努力给了孩子想试试的信心。这时，我还算有点儿英文基础了，复赛我陪着羽毛儿一起准备的，我们一起翻译阅读，一起理解并整理阅读感想，经过复赛、半决赛，羽毛儿进入了总决赛。

这对羽毛儿来说，是个很大的惊喜，她收到总决赛的邀请时兴奋地告诉我，她们学校只有两个学生进入了总决赛。一个是她，另一个是她一直仰望的英语在全年级超级高分的女孩儿。她们两个平时的英语水平基本上是百名级以上的差距，没有想到竟然有一天，她们两个可以平行地参赛，这对于羽毛儿来说太意外，太不可思议了！因此，一下子点燃了羽毛儿对自己学习英文的信心。决赛当天，我陪羽毛儿去的，她信心满满地表演了自己准备的英文表演，抽到的演讲题目，也能自如地用自己的方式表达出来。最后决赛的结果，羽毛儿和那个女生都得了193.5分（满分为200分），她们两个并列一等奖，一起进入了全国总决赛。

羽毛儿拿到这个成绩特别开心！用她的话说：妈妈现在提升英语，原来也可以改变"遗传基因"呀，自己的"遗传基因"因为妈妈的改变竟然也同步发生了变化，她再也不担心妈妈的"遗传基因"问题了，原来只要想改变，随时都可以！

part 4

"高价"的欢乐时光
——有品质的陪伴孩子

妈妈在哪里，哪里就是家

　　江南是一幅写满诗情画意的水墨画，怎么用文字表达都不过分。窗外细雨轻柔，远处云雾缭绕，隐约可见的青瓦白墙透出江南独有的气质。车行在这样的路上，仿佛穿越在一幅精致秀美的山水卷轴中，诉说着轮回千年又不失韵味的故事。这朦胧诗意的江南，宛若含羞的姑娘，面若桃花让人心醉。在晨光的照耀下，又宛若低眉信手弹琴的女子，映出她远离烟火的面庞，每遇这样的美景，我便感慨自己的词穷，无法找出更贴切的词语来表达这景致对五感的冲击和内心的激荡。

　　"让挥动的手在薄雾中飘荡，不要惊醒杨柳岸那些缠绵的往事。化作一缕轻烟，已消失在远方。暖暖的午后，闪过一片片粉红的衣裳，谁也载不走那扇古老的窗……"车后座传来两个女儿的歌声，她们也被路两旁的美景深深地吸引住了，有感而发地唱起了《梦里水乡》。

　　恍惚间已经离开家二十多天了，两个小家伙这是头一次离开家这么久。不知道她们是否会想家，我便随口问二位宝贝儿："想家了吗？"

可谁成想，收到的是："妈妈在哪里，哪里就是家，我们一直跟家在一起呢！"孩子们说完，又继续沉浸在了歌声中，俨然忘记了这个"家"的存在。

听到这话，我的心忽然温润如这水乡，我很震惊孩子对"家"的定义不是我们常规意义的房子，而是你爱她的那颗心，这话是我人生中最珍贵的礼物。

"家"是港湾，是心的依靠。要想让孩子有安全感，一起拥有这样的欢乐时光是最好的方式之一。

从那年起，我们自驾一起抚摸过了江南水乡、赏过了大漠孤烟、嗅过了原始森林、叹过了苍穹草原、赞过了高山湖泊、品过了各地美食……在这样的时光中，我们彼此内心更加靠近，孩子也渐渐形成了自我负责的能力。

每次出游孩子们都是自己收拾行李。她们会先上网搜索需要寻找的信息，比如，我们要去的地方的天气预报、风土人情、注意事项等相关资料，然后画一个思维导图，把自己需要携带的行李物品都列出清单，并按照清单整理自己的行李箱。一开始我还会偷偷检查一下她们的行李箱有什么漏带的没，这样我在收拾我行李的时候，可以放入我的行李箱中。后来发现，我的想法完全是多余的，孩子们的清单很清晰全面，包括每天的穿衣搭配，冷暖都考虑到了。

有人可能会问，享受这样的"欢乐时光"，工作怎么办？

在我看来这其实是优先排序的问题，看这个阶段什么对你来说是最重要的，然后根据自己的实际情况做合理的安排。

我知道自己不是万能的，在既要照顾孩子和妈妈，又要独自赚钱养家上，我一样面临着两难的问题，有可能还会比大多数人更难选择，如果我停止了工作，家庭收入来源就会被切断。

在这样的情况下，我对自己所面临的问题进行了优先排序。把孩子的成长和自己的工作时间拉到更长的一个维度去看，告诉自己如果从十年或更长的角度来看，只能有一个选择，我会怎么选。

我给自己的答案是：孩子的成长是关键，现在是建立信任与安全感的最佳时期，这个看似不紧急的事情，重要性却很高，现在的潜移默化会让孩子一生受益。

自己的工作可以放在第二位，在一年中，除了陪孩子出游的时间外，至少还有十个月可以努力工作来弥补。这个世界上，只要你想，永远有做不完的事情，担不完的心。工作不会因为你做得快、有效率而减少，只会越来越多新的事情迎上来，而孩子的假期是固定的不能调整的。

确定好了这个优先排序后，我就要接纳公司可能会在我外出时亏损、工作不到位的现实。毕竟我不是神仙，能想到一切完美的方法保证做好工作的同时又享受和孩子们一起外出的欢乐时光。我只能保证我认为最重要的事情优先做好，其他的事情发生了，我就接纳和面对。

旅游前，我尽可能把想到的工作都安排好，如果真亏损了就当自己高价旅游了。确定好顺序后，在自驾中，我就不再处理工作事务，而是全心全意陪伴两个孩子和老人一起度假，尽情投入到旅途中。每当我开着车，满载着女儿和老妈的欢歌笑语时，我觉得这一切都值得。

也正因为我能够有品质的陪伴孩子，在这样的时光中我们建立了很好的亲子关系。她们充分感受到了爱与自由，得到了陪伴和满足，也自然很有安全感。

度假回来之后，她们会抓紧时间规划自己的学习，我就投身于我的工作中。我们界限清晰地各负其责，互不打扰。这个过程中她们是安心的，不管我人在不在她们身边，她们都能感受到我的心和她们是在一起的，她们内心的安定来自于信任妈妈的爱，所以不需要形式上花时间的陪伴。这可以让我始终专注于自己的事情上，给我创造了安心工作的环境。

记得有一位家长和我说，为了陪伴孩子自己辞职在家，每天都花大量的时间和精力在孩子身上，几乎所有的事情都是围绕着孩子在做，为此，自己已经做出了很大的牺牲，没有了自我。可孩子还是很没有安全感，很黏着她，这位家长感觉越陪孩子，孩子越依赖，越没有安全感。

还有一位家长和我说她把女儿送到最好、最贵的私立寄宿学校，花了很多钱。女儿刚去不适应，打电话向她哭诉。她的回复是："我已经花很多钱把你送到了最好的私立学校，如果你不能适应，就给你两条路：一是去跳楼；二是回去读书。"

先不论这两位家长做法的对错，我们先来看看家长陪伴的五个层次：

一是舍得为孩子教育花钱的家长；

二是舍得为孩子花时间的家长；

三是开始思考教育的目标问题的家长；

四是为了教育孩子而不断提升和完善自己的家长；

五是能够让孩子成为最好的自己的家长。

我们可以对照一下，看看自己是在第几个层次的家长。我相信做父母的都会舍得为孩子花钱、花时间，但你花的钱与时间是否恰到好处？是否满足了孩子内心真正的需要？还是仅仅为了减少自己的麻烦和负罪感而支付的呢？

作为两个孩子的妈妈，我也常常反思这些问题，反思我为孩子做的和孩子的需求是不是对等的？什么才是孩子需要的？什么才是我应该给予，而不是我强加给孩子的？

比如，孩子是素食者，你不断鼓吹吃肉的好处，不断给她买各种肉食来吃，孩子自然不接受，孩子一点儿不会买你的账，弄得自己还很受挫，花的钱和时间、精力都白费，也不能满足孩子身体的需求。在这种情况下，我们需要做的是，清楚了解孩子的身体状况和素食的饮食结构，根据孩子的实际情况去给孩子搭配些坚果、蛋白质和变化多些的蔬菜水果，这样才能真正满足孩子的需求。

"关怀"还是"照顾"

陪伴孩子不是用你在孩子身上花了多少时间和你付出了多少精力和金钱来衡量的。当你和孩子在一起时，你是关注孩子的需求，还是关注自己的付出，这个才是重点。孩子需要你用心陪伴并给于支持，而不是浮于表面的陪伴。

你人虽然在孩子身边，却心不在焉地一会儿看手机、一会儿和朋友聊天，根本没有把注意力放在孩子的身上，这样的陪伴即使你和孩子一天二十四小时的形影不离，也达不到陪伴的效果，内心是没有联结的，孩子是能感受到的，自然培养不出孩子的安全感。

这样的错误我自然也犯过。一次我要去日本旅游，前一天正在手机上回复交代一些工作方面的事时，雨点儿拿着需要家长签名的作业本来找我签名，我听到之后头也没有抬说："嗯，知道了，放这儿吧。"就继续看手机。

雨点儿看到我没有停下来签字的意思，站在我面前问我："妈咪，请问是给我签字重要还是你看手机重要？"

我头也不抬地回答到:"当然给你签字重要。"

"那你为什么还在看手机?"雨点儿质问到。

这个时候我才意识到自己并没有把注意力从手机中抽离出来,虽然嘴上答应着,手却根本没有停下来的意思。我意识到这点后感到很惭愧,立刻抬起头向她道歉:"对不起宝贝儿,妈妈想着明天一早出发去日本,着急处理一些事情,确实忽略了你刚才说的,实在抱歉,我现在就签。"

说完我放下手机,拿起雨点儿给我准备好的笔,在她的本子上签好名字还给雨点儿,并谢谢她用心地提醒,没有让我继续犯错。

这次的事情让我意识到,我们成年人许多的行为意识是自己不自知的习惯反应。虽然嘴上答应了,头脑也知道要怎么做,行为上却是分离的。

这实际上是由我们的潜意识支配造成的,而如果我们自己不去刻意觉察,是很难认识到自己的行为是否和自己的思维保持一致的。做决定的是我们的显意识,而导致最后结果的却是我们的潜意识。

家长在教育孩子时,常常感觉自己为孩子付出了一切,而孩子还不领情,和我们对抗,心里很难平衡。习惯用数量替代质量为衡量标准,用自己没有功劳也有苦劳这样的说辞期待孩子的理解。这实际上是自己把照顾者和被照顾者之间的关系摆错了位置。

在这里我想和大家探讨一下"照顾"和"关怀"这两个词。这两个词大体看起来是一个意思,但其实有着很深的不同。

"照顾"是以照顾者自己为主体,通常在照顾的过程中会忽略对方的感受,会低估被照顾者,并压抑对方的感受。一般来说,人较愿意照顾别人,因为这样会比较简单,以自己的思想为出发点来关注被照顾者,不需要去同理对方,还可以把对方弱小化,尤其孩子本来在成人眼中就是弱小的,更能增强家长弱化照顾者的需求,而以自己为焦点去施予自己以为的对方需求,从而得到自己内心的满足。照顾者其实是想得到被照顾者的重视，寻求关注，从而减轻自己内心焦虑，从这个角度来说照顾者其实是为了抗拒或转移自己的本体焦虑。家长常说孩子离不开自己，其实是自己离不开孩子，只是家长不愿意接受自己需要寻求关注的身份。

可能许多家长会反驳，孩子还小不懂事儿，就是需要家长的照顾。而且哪个家长不是为了孩子好，照顾的都是为了孩子好才这么做的。

从道理上来说，是没有错的。但被照顾者是有自己感受的，如果家长一味地从自己的角度出发去照顾孩子，其实孩子会有被剥夺权利和不被尊重的感受。而且，即使孩子说出了自己的感受，家长也是充耳不闻的。

再有就是照顾者本身可能就存在自身需求未被满足的部分，于是在解析孩子或者说是被照顾者时就会有偏差，有时是忽略，有时是给的过多，这么一来，被照顾者在没有被完全适当的满足时，长大以后就会持续感受到被剥夺的不满足。这种不满足会长期并深刻地保存在孩子的身体的记忆里，对长大后的孩子会造成许多困扰，无法自拔。从某种意义上来说，照顾得越多对孩子的自我成长越不利。

记得一次聚会，一位女朋友来迟了，一边和我们道歉一边解释说其实自己起得很早，只是又叫女儿起床，又要给她找衣服，照顾她吃饭，还要给她洗衣服，最后送她去兴趣班之后才能赶过来等等，说了一大堆我认为她孩子这个年龄完全可以独立做的事情。

听完后我问她，这些孩子都可以自己做，为什么不让孩子做？她说因为孩子还小，做不好。我又问她，那她认为孩子多大才算大？孩子要从什么时候开始做才算能做好？她犹豫了半天回答不上来。

在这些家长眼里，孩子永远不可能长大，孩子小的时候要照顾，孩子到了读书的年龄就要照顾孩子读书，等孩子读了大学，又要照顾着孩子找工作谈恋爱，等孩子结婚了要照顾孩子买房买车，等孩子的孩子出生了，又要照顾孙子……

有多少家长一直以来把自己的照顾强加到孩子身上，给孩子强迫爱的感觉，孩子的一生，都在被照顾中成长，什么时候才能让孩子真正自己做主呢？这样的照顾，真的是被照顾者所期望的吗？这样不对等的沟通导致照顾者和被照顾者都在做徒劳无功的努力，最终的结果只能是两败俱伤。

再来看看"关怀"这个词。"关怀"是以被照顾者为主体，照顾者只需关注被照顾者的需求而给予相应的支持。真诚关怀他人时，即使自己会因此感到痛苦，也不会忽略对方的感受。这样照顾者所需要花费的时间、精力也相对少，而被照顾者在满足了自己需求的同时也感受到空间感和尊重感。

家长应该更多的把自己的"照顾"转为对孩子的"关怀"上，这样自己也能从沉重的"照顾"中解脱出来，对于孩子来说，也有了更多的成长空间。

苏联心理学家维果茨基提出，孩子自我调节能力的发展依靠的是照顾他们的人。作为家长在日常互动中应向孩子们传达文化规范，教导孩子从"环境的奴隶"变成"自我行为的主人"。这样可以增强孩子的自控能力，否则一味地照顾孩子，反而会让孩子学会推卸责任。只有"关怀"才能帮助孩子变得具有独立的人格。

有品质的陪伴，不在于时间的多少，而在于和孩子建立心的联结。哪怕每日只有半小时专注于和孩子在一起的专属时光，效果也会大不同。没有大段时间去旅游，其实陪孩子一起画一幅画、读一本书，在孩子有情绪的时候，只需在身边默默陪伴，在孩子最需要你的时候给予孩子坚实有力的支持，就是最好的陪伴。

高效陪伴
——如何让接纳成为一种习惯？

我们每个人能走到你现在的样子，一定和你的许多经历和人生背景有关，如果让每个人去讲讲自己的生命故事，我想也许你能从你记得的这些生命经历中发现些什么。因为生命走到今天的样子，不是偶然，而是必然。

要知道，今天你看到的自己并不是你活出来的全部样子。我们总是有选择的记住自己想记住的部分。如果能够停下脚步，看看今天的自己，为什么是现在的样子，接纳你能走到今天，已经是用自己最好的状态在做了，相信之后，你能用更饱满的状态，让你变得更好。

许多人很喜欢和他人对比，不是比幸福，而是比惨。很容易把自己描述成一个受害者的形象，总和别人讲自己的不容易，总是讲自己经历了多么苦的事儿，总是觉得上天对自己不公平，把所有今天的不如意都归因到外界。仿佛只要外界条件好了，有了谁的财富、有了谁的爸妈、有了谁的地位，你就可以成为谁了似的。这其实都是不接纳自己状态的反射。

对于他人的了解你也只是知道你看到的样子而已，你却不了解他人究竟经历了什么。许多人无法让自己和他人舒服的主要原因是对自己和他人的不接纳造成的。如果你能安静下来，接纳这一切，接纳当下的痛苦和不如意的事实时，你就会感觉到在修复自己，会更有力量来成就自己想成为的那个自己。要知道，接纳自己才能接纳孩子。

第三章

爱的家庭关系，
陪孩子享受过程

家庭是孩子最好的学校。家长的一言一行都在为孩子"打样"，孩子是最好的复印机。你的无意识行为会潜移默化成为孩子日后的行为规范，影响孩子的一生。

part 1

大声说出你的爱
——表达爱，感受爱

我的爱都"打结"了

一次，我拉着小雨点儿的手，刚走出小区大门，就看到迎面一位妈妈一边快步走一边愤愤地批评跟在她身后的一个小男孩儿。那个小男孩儿看起来大约五岁左右的样子，和当时的雨点儿差不多大，紧张地在后面小跑跟着前面快步走的妈妈，一路上低着头看着自己前方的路，只是偶尔抬起头用眼睛丈量一下自己和妈妈之间的距离，是否还能跟上，加快步伐，生怕自己丢了的样子。小雨点儿看到这一幕，紧张地靠近我，拉紧了我的手，并用自己的小身躯靠紧了我。我知道小雨点儿是个感受力特别强的孩子，赶紧用手把她揽入怀中，紧紧地单手抱着她，为了缓和她的紧张情绪，我和她开玩笑地说："宝贝儿，小孩儿不就是用来训的嘛。"

小雨点儿撅起小嘴巴摇摇头说："不是，小孩儿不是用来训的。"

"那小孩儿是用来玩儿的？"

"不是！小孩儿是用来爱的！"小雨点儿忽然认真起来。

我看到雨点儿认真的样子，很好奇，她理解的爱是什么样子？就问道：

第三章　爱的家庭关系，陪孩子享受过程

"那什么是爱呢？"

"爱……是你在她怀里有安全感、很温暖，能睡着觉。"

多么有温度的话，我听到这里忍不住抱着小雨点儿亲了亲，说："那你感受到爱了吗？"

"嗯，我一直在爱里，而且我的爱有那么多！"

说着就挣脱开我的怀抱，在旁边用两个小手打开自己的双肩，一直划到身后，直到两个小手碰到了一起，然后说："妈咪，你看，我的爱有那么多，多得都打结了，我对妈妈的爱也打结了。"

又一次被小雨点儿真挚的话语感动了。这个有温度的小家伙，常常让我感受到什么是妈妈的小棉袄。

记得同年寒假我们在泰国旅游的大巴车上，小雨点儿小小的身躯随着大巴车的节奏晃动着。她忽然开口和我说："妈咪，我好喜欢此时此刻和你在一起的感受啊。"

我当时愣住了，我没有抱着她，也没有和她做任何互动的游戏，仅仅只是两个并排坐在车上的游客而已。

她接着说："妈咪，你知道吗？每天早上你离开家，出门的时候，我感觉我的心都要碎了，但我能忍住，我告诉自己不能打扰你，等你回来我的心就好了。现在我可以和你这么并排坐着，真好！"

我的心被震动了，孩子多么懂事，她并不需要你真的为她做很多，她只要能感受到你爱她，她就满足了。

在羽毛儿五岁的时候，一天，她忽然问我："妈咪，你知道我有多爱你吗？"

我看着天真可爱的她，故意摇摇头说："不知道。"

羽毛儿想了想，忽然满眼放光，就从地上爬到了床上，站到床上后，她

垫起自己的小脚尖，小手很努力地举过头顶，为了让小手举得更高一些，连整个头都跟着扬了上去。她觉得自己已经尽力达到了能力所及的制高点之后，小眼睛斜望着我的方向吃力地说："妈咪，你看，就是从地面到我手指尖这么多！"

看着小脸都憋红了的羽毛儿，我的眼睛湿润了，说："妈妈看到了！那还真是很多很多啊！"

羽毛儿听了之后满足地说："那当然啦！而且我对妈妈的爱还会随着我长大呢！等我长到比你还高的时候，我的爱就会更多更多啦！每次上幼儿园，妈咪离开我的时候，我的心就像有了一个黑洞，等妈妈接我的时候，这个洞就好了。"说着用两个小手环抱着我。

看着如此天真可爱的女儿，还有什么能比这真挚的爱让人感动呢？

这是两个孩子给我表达她们对我爱的方式，我怎能辜负她们这么纯净美丽的心呢？可爱的小天使，带着小翅膀来到了我的身边，希望我能成为她们的保护神，我要用我所有的爱回报孩子这么纯洁无暇的爱。纯净透明的无法看见，只能用心去感受的爱。这才是没有夹杂任何颜色、透明又真实的无条件的爱。

孩子对家长为什么是无条件的爱呢？因为孩子从出生就认为和父母是在一起的，不知道这个爱将面临的是分离。他们在父母安全的呵护下成长，他们无条件的信任这个给他生命、细心呵护他的人，你是他的全部，他的世界只有你，他把自己的生命都交给了你，他对你只有无条件的爱。

在他刚刚能说话的时候，有多少孩子当知道结婚就是在一起的时候，都会用很稚嫩的声音和家长说，等长大了一定和爸爸妈妈结婚呢？那个时刻，我想每位父母听了都是五味杂陈的感觉吧。

可能有些家长会问，那为什么孩子长大了就不是无条件的爱了呢？怎么

第三章　爱的家庭关系，陪孩子享受过程

说什么就不听了呢？我想这个问题应该由你自己来回答。孩子是在你身上看到了什么，又学到了什么使得这份爱不再纯粹了呢？

家长的行为常常是夹杂着恐惧，恐惧有时会伪装成爱的样子，让你很难分辨。你以为给到孩子的是爱，实际上是伪装了的恐惧，但孩子是清明的，他看到的不是爱，自然就会产生对抗的情绪。这个时候的家长，你真的看清楚了，自己给孩子的是爱还是伪装成爱的恐惧呢？

我们都有这样的经历，别人的恐惧看得很清晰，自己的就看不到。所以当你用你伪装过的恐惧当成爱面对孩子的时候，他们能很清楚地看到和感受到，他们知道那不是爱，那是一种因为恐惧对自己的限制，让自己感到不自由、不舒服。但家长看不到，会认为孩子为什么这么不懂事，就是看不到作为家长的爱、苦心和付出，这其实是家长没有意识到，自己给的并不是真正的爱，这爱是"披着羊皮的狼"。这就好比是你给孩子一个甜面包，里面实际上夹着黄连，你以为给的是甜面包，孩子尝到的却是苦涩的味道。

我想说的是，认出你的恐惧，不要把恐惧伪装成爱的样子来面对孩子，要知道，当你认出恐惧，你就会比较容易面对恐惧，恐惧只有在伪装下才能创造疏离和痛苦。你能认出恐惧，你就可以和孩子享受任何的美好时期，并没有那么多痛苦，更多的是发自内心的喜悦陪伴。

父母潜意识里的想法有时会是：孩子身体没有那么好，他就会很需要我，这样他就不会离开我了；孩子如果能力弱一些，他就不会远走高飞了；孩子如果依恋我，他就不会真正地离开我了……有些家长不承认自己有这样的想法，但实际上，这些都是家长的潜意识在告诉自己只有这样我就不会有被孩子抛弃的焦虑了。

如果你真想为孩子好，就要学会自我成长，让自己变得更有力量，能够承载和孩子分离的事实，在我们和孩子能彼此相伴的时候，好好珍惜每一

刻。这样孩子的将来才会更健康，身心更健全。不要等孩子大了，远走高飞了，还用你的控制限制孩子的天空，让他欲飞不能，总是徘徊在你的上空，无法飞远，背负道德的评判。

记得广东卫视采访我的时候问我，是如何培养自己孩子的。我当时的回答是：其实每个人在我们人生中都只是过客，包括我们的父母、爱人、朋友，还有孩子，没有一个人是属于你的。就像你开着一辆驶往终点的火车，所有的人都是到站了上来、又下去，最后只有自己一个人开往终点。每一个过客，只是彼此的经过，属于我们的也只有那段经历罢了。从孩子来到我身边的那刻起，我就在教会她们如何离开我，当她们羽翼丰满起飞遨游的那天，我也会有属于我的精彩。要知道孩子并不属于你，孩子是属于他们自己的，他们只是通过你来到了这个世界，他们有自己独立完整的人格，他们有自己的灵魂和思想。

纪伯伦有一首诗《你的孩子其实不是你的孩子》写得非常好，我很喜欢，附上给大家共赏。

你的孩子，其实不是你的孩子，
他们是生命对于自身渴望而诞生的孩子。
他们通过你来到这世界，
却非因你而来，
他们在你身边，却并不属于你。
你可以给予他们的是你的爱，
却不是你的想法，
因为他们自己有自己的思想。
你可以庇护的是他们的身体，

却不是他们的灵魂，

因为他们的灵魂属于明天，

属于你做梦也无法达到的明天。

你可以拼尽全力，变得像他们一样，

却不要让他们变得和你一样，

因为生命不会后退，也不在过去停留。

你是弓，儿女是从你那里射出的箭。

弓箭手望着未来之路上的箭靶，

他用尽力气将你拉开，

使他的箭射得又快又远。

怀着快乐的心情，

在弓箭手的手里弯曲吧，

因为他爱一路飞翔的箭，

也爱无比稳定的弓。

和恐惧做朋友

家长如何看清自己对孩子是爱还是恐惧呢？这里和大家分享一些小方法。

一、保持自我觉察的心，用正念的方式去对待。

要清楚，责怪他人会比较容易，当看到孩子有什么行为令你不满意了，你开始用指责的方式对待孩子时，这时就要保持自我觉察，学会按下暂停键，然后回看自己的内心。是什么让你去责怪孩子？孩子做的这件事情，让自己不能接受的是什么？是孩子真的做错了什么？还是自己不能接纳什么？是不是自己的旧有思维模式在作怪？自己在这件事情上的界限是否清晰？

当你发现自己有指责孩子的情况时，就要提醒自己，此时的爱是否被伪装了，如果是，你需要打破自己的心理惯性去面对，让自己抽离出来，以一个旁观者的身份看一看自己发生了什么：在这个事情上，你为什么会指责孩子？在这个背后，你的恐惧是什么？你不想面对的是什么？

恐惧一般是有对象的，就是对即将发生的那个事儿是有感知的。找到症结所在，去面对它，当你直视你的发现时，你会发觉自己更有爱了。

在我们的生命中，或许有些部分是自己一直害怕去碰触，而不愿面对的。成长需要勇气，若我们总是逃避，那么我们将无法改变与成长。我们每个人都需要自我觉察来帮助自我成长。和孩子的互动中让你不舒服的卡点，正是你需要自我觉察的地方。

自我觉察就是要看到自己，在那一刻的情绪、感受和自我评价。当时在心里想到的自己的形象是怎样的？是孩子的做法撼动了你的权威？还是影射出了你不愿意看到你的缺点？投射出了你隐藏的什么问题？人对自己的评价通常是潜意识的，就好像有个很轻微的声音在你大脑后台响起，但又常常被我们忽略。

自我觉察不管对自我了解、情绪调节，还是对人际沟通、自我反思都有好的帮助。自我觉察是我们看见自己的"第三只眼睛"，我们拥有自我觉察的能力，就可以知道自己在某一时刻身体所觉、内心所思所感和此刻自己正做出何种行为反应，以及了解自己的过去如何影响自己此刻的反应。

自我觉察可以使你的人格更加透明化，促进人格的整合，提高和孩子在一起互动的幸福感。

要想培养自己的自我觉察能力就要学会观察自己。观察自己在此时此刻有什么样的情绪感受，比如，喜悦、兴奋、愤怒、受伤、恐惧、忧伤、委屈等，此时的身体是松弛的还是紧张的，思考我为什么会有这样的感受。

比如，此时你看到孩子在玩水，弄得浑身都湿透了，你很愤怒。当你在这个愤怒中，如果没有自我觉察的时候，就只是沉浸于愤怒当中，随愤怒情绪而肆意宣泄，你可能会立刻打断孩子玩水的行为，然后给孩子换衣服，并批评指责孩子说多少次了都不听，万一生病了怎么办，并警告加威胁以后再不可以这么玩水了，否则就用什么样的方式来惩罚等。

如果我们能自我觉察，会发现自己正在愤怒中，就好像有另一个自己站在你的面前，看着你对你说："你刚刚很愤怒。""你愤怒的原因是什么？"这时你就可以把自己从情绪当中拉出来，不容易受到冲动和情绪的控制，然后再来看孩子玩水这件事，以孩子的角度如何来与之沟通，找到行之有效的方法，而不是简单粗暴地打断和惩罚。还可以看看引起自己愤怒的是真担心孩子生病还是因为孩子对自己的话没反应，让自己失去了权威感。

随着自我觉察能力的提高，你走出情绪的时间也会变短。然后来看自己的行为应该怎么做。从自己的思想活动、言行表现等反思自己的应对模式。冷静地分析自己怎样做更合适。不局限在自己的思维习惯里，也尝试理解孩子此时的想法。

在和孩子互动的时候，保持觉察可以让你找到"因"，这样才能改变"果"的行为，如果只在"果"上解决问题，"因"没有改变，结果总会不断重复，自己白费力气。

二、认清恐惧，和恐惧交朋友。

要知道恐惧是我们最好的朋友，因为它驱使我们去思考，去问自己问题。如果没有恐惧，我们其实很难发现自己有什么问题。就好比人会生病一样，病其实是对人身体健康的一种提醒，恐惧也是，它的到来，实际是一种自我保护、防御的方式。让你思考一些表象背后隐藏着什么。许多家长都有自己的人生课题，所以在和孩子相处的时候，这些自己的人生课题也会冒出来，这个时候如果多一些自我觉察，可以借此处理自己的人生课题。

当恐惧来时你可以看着自己的恐惧，把它想象成一个象征，可以是一只小白兔、一只小猴子或者任何你想成的样子，然后和它打招呼并对话。如果不知道说什么，可以就这么看着它和它待一会儿，你可以感觉自己抱着这个恐惧，让自己感受恐惧的友好。告诉自己它只是想帮忙，想提醒你。如果你抱着恐惧慢慢感觉好些了，可以开始和它对话。

比如问：你恐惧的对象是什么？你为什么会在这个时候恐惧？你到底害怕的是什么？你害怕的是你看到的这个表象吗？上次发生同样感受的时候是什么时候？是同样的事情吗？这些事情有什么样的关联……如果没有答案，也没有关系，因为如果无解，也一样可以通过这样的方式放下恐惧。如果有答案的话，只是可以更深入地协助你去觉察自己，认识自己，并不影响放下恐惧的效果。

三、放松身体，可以用呼吸法或冥想。

当恐惧来的时候，身体就会处于紧张的状态，这和我们身体的生理机能有关。在原始人类时代，恐惧是让人类保命的，所以一旦你恐惧，身体就自然会紧张，进入到打或逃的状态，时刻准备着的感觉。但对于我们现代人来说，当紧张感出现时，我们并没有生存的危险，我们需要让自己放松下来。这个放松可以从身体层面进行。

比如，渐进式肌肉放松。因为身体放松的时候，精神是不会紧张的。我们只需要让全身的肌肉，从头到脚保持放松，这种紧张感、恐惧感就会渐渐得到舒缓。

还可以用呼吸的方式。许多人可能会说，我们天天都在呼吸，还是会有那么多恐惧。其实我们现在每天的呼吸量，只够自己刚好保命。如果要达到身体上的放松就要扩大自己身体中单位体积的吸氧量。需要把注意力真的放在呼吸上，才可以让你放松。如果长时间的练习呼吸，不仅可以放松，还可以让你的身体更健康，通过呼吸释放掉一些卡在身体中的情绪。

那么呼吸的方法有许多，有腹式呼吸、阴式呼吸、火呼吸、镇定呼吸等。最简单的就是腹式呼吸法。要注意的是呼气的时候，意识到自己在呼气，吸气的时候，意识到自己在吸气。平缓而均匀地让气息流动，如果过程中意识跑掉了，就再把意识拉回来到关注呼吸上即可，不评判自己。坚持每天练习腹式呼吸或镇定呼吸两次，每次五到十分钟就可以，至少坚持两周以上，就可以减缓恐惧感了。

冥想是一种古老的自我修炼方法，从科学的实用角度看，它是一种思维体操。这种训练能让你更聪明、更平和，也更幸福。冥想能让人完全安静下来，专注于此时此地。练习冥想时，需要注意的是：找一个安静的环境，减少肌肉紧张，每日能练习一会儿最好，能形成习惯。把注意力专注在一个目标上，也就是意识的集中。如果有念头来去，不评价自己做得是好是坏，分神时，轻轻把注意力拉回来就好。不要总想着冥想能带给你什么结果，就放松地去感受冥想的过程。越放松，冥想程度就会越深。

观呼吸和冥想法都是可以让我们把平时常用的交感神经换到副交感神经的一种转换方式。我们可以把交感神经想象成我们开车时的"油门"，我们每天睁开眼就踩着"油门"开始了一天紧张的生活。副交感神经就好比车的"刹车系统"，我们需要适当地让自己"刹车"，停下来放松看风景，才能让我们的生活更平和。

上面是一些释放恐惧的小方法，恐惧其实是一个爱尚未发现的地方，也是家长内心需要自我关怀的地方，让自己对自己宽容一些，你也会对孩子更宽容，宽容是无条件爱的表现。当孩子在你面前顽皮、淘气，或一些让你苦恼的事出现时，允许孩子自己试错，允许孩子活出自己本来的样子，告诉自己孩子就是需要这些经历，才是完整的，我们只需要提供给孩子安全的港湾，让他们感知到你的爱就可以了。

一碗水，你端平了吗？
——多子女家庭父母爱的分配

爱的失衡，谁的错

羽毛儿和雨点儿相差四岁，两姐妹的感情一直很好，好得让人"嫉妒"。

记得有一次，我去美术培训中心接她俩，一进门就被老师拉到一边儿问："你是怎么教育孩子的，两姐妹关系好得让我们在场的所有老师都感动了，真是让人羡慕又嫉妒。"

我正满脑子疑惑不知道发生了什么，那位老师已迫不及待地和我描述了刚才她看到的场景：因为姐姐羽毛儿上课时间比雨点儿早，雨点儿先上完课出来，就坐在羽毛儿班级门口等姐姐下课。这位老师看了看时间，离姐姐下课还要一个小时左右，就拿了只桃子给雨点儿，让她可以在等姐姐的时候吃桃子，来消磨时间。

雨点儿拿到桃子后特别开心，但她洗好后不吃，而是双手捧着桃子又坐回了原处。这样反常的行为让老师很诧异，老师觉得对于四岁左右的孩子来说，最忍受不了的就是吃的诱惑，就好奇地问雨点儿为什么不吃。雨点儿说因为姐姐也喜欢吃，要等姐姐出来了一起吃。之后的那近一个小时，小家伙就虔诚地捧着这只桃子一动不动，眼睛看着桃子，脸上浮起期待地微笑，那画面仿佛是一尊雕塑……

一直等到姐姐羽毛儿下课出来，小雨点儿才捧着桃子快乐地跳到羽毛儿面前，羽毛儿看到这个小可爱和水灵灵的大桃子，兴奋地用脸贴了贴小雨点儿的脸蛋儿，两人是相拥着一人一口的把这只桃子吃完的。在两姐妹吃桃子的过程中，最可贵的是没有争抢，只有谦让。当姐姐咬了一口桃子后，立刻把桃子推到妹妹的嘴边，然后妹妹咬完又立刻把桃子推到姐姐的嘴边，每咬一口桃子，两姐妹都相视一笑，然后四目相视、满眼笑意快乐地咀嚼着嘴里的桃子，那种发自内心分享的欢乐，那种两姐妹心与心的联结，感染了在场所有的老师。

那老师说到这里，满眼的羡慕看着我说，她自己也是两个孩子的妈妈，然而她的两个孩子经常你争我夺，更别说分享了，还时不时找她告状，她总小心地平衡着两个孩子之间的"公平"，却总被孩子说偏心。特别让她不省心，在两个孩子之间她跟个判官一样，然而却怎么都一碗水端不平。

她还表示自己在孩子教育机构多年，接待了不少亲兄弟姐妹，但大多都是又争又抢，没有谦让，让人头疼，像我们家两姐妹的行为她还是头一次见到，那么有爱，那么让人温暖，那么让人羡慕，使得这两姐妹吃桃的画面深深地印在了她的脑海中。

多子女家庭中父母通常会有的困惑，就是觉得自己无论有多公平、多不偏不倚地对待孩子们，他们都会觉得你偏心。我想在多子女家庭中会常常听到这样的声音：

"都是妹妹的错！怎么又说我！不公平！"

"是弟弟先动手的，又不是我先打他的，为什么又批评我！"

"你们偏心！总说他小，要让着，可他永远比我小，我要永远让吗？"

"为什么你们总听他说，不听我说！"
……

以上这些声音，是不是很熟悉？当这些声音出来的时候，作为孩子的父母，你是怎么想的？你是觉得孩子为什么这么不懂事，还是会从自己身上找原因？你有没有想过，在孩子眼里的偏心、不公平就是你在不经意的时候创造出来的，我们才是创造孩子感知不公平的罪魁祸首！

我们先来看看，当家里多了一个新生命时，当然会吸引全家人的眼球和关注。我们总是会说：哎呀，你看小的多可爱啊！呀，你看小的多聪明呀……家中所有人的目光都投向了老二。而且全是称赞的，此时就会忽视了身边老大的感受。而这时候的老大，大多已经可以活蹦乱跳，不是上幼儿园就是上小学的阶段了。家长们从概念中认为老大已经大了，能跑会跳，自己会吃饭了，已经懂事儿了，不需要操太多的心了，自然就会减少对老大的关注，表扬肯定也会减少，甚至还会增加一些指责。尤其是在你正专心照顾老二时，老大这时跑来说要抱抱妹妹或弟弟，大人会因为担心小孩儿没轻没重的，就直接拒绝。那么在这个时候，家长完全忽略了老大的感受，直接伤害了孩子的内心，甚至会让老大感受到被冷落，不被爱。从而埋下了需要更多吸引父母眼球，需要更多的索取爱的种子。

所以孩子们争夺父母之爱，其实就是在父母这些无知觉的行为中埋下的伏笔。这样的举动其实已经伤害了父母与老大之间的感情，严重的还会让老大对老二的出现产生了夺爱的恨意。

姐姐最好的"生日礼物"

在对待两姐妹的问题上我也犯过错，毕竟谁都不是天生就会当爸妈的，孩子出生也没有附上说明书。当小雨点儿出生的时候，我几乎把所有的精力都用在了照顾这个柔软的、弱小的生命上。自然忽略了老大羽毛儿的许多需求和对她的关注。作为成年人，我们都能理解新生儿会牵扯我们的许多精力，对自己的顾此失彼也会找些借口来安慰自己。但对于一个享受过全家目光关注的孩子来说，她不清楚。

当小雨点儿来到我们家时，小羽毛儿只能感觉到，全家人忽然间因为这个小生命的到来，疏远了她，对她的关爱减少了，注意力都集中到了那个躺在摇篮里的小生命身上，而她自己的存在感一下降低到了冰点。自己从众星捧月的状态下，一落千丈……

记得那个时候，小羽毛儿总是想吸引我们的注意力，所以她偶尔会故意做些以前可爱的举动来吸引我，希望能回到以前自己被我们大家宠爱的状态中去。而我忙于照顾小雨点儿，根本无暇顾及她的任何行为和举动，有时只是有气无力地冲她笑笑，就赶紧去照顾妹妹了。根本分不出那么多的时间和精力来。有时，羽毛儿过来说想帮忙，我刚开始也会让她尝试，可孩子毕竟是孩子，没有弄几下，就把妹妹弄哭了，我就赶紧自己补救，然后把羽毛儿支开，不再给她帮忙的机会。

我想许多有二胎的家长们可能都深有体会，在老大来帮忙时，我们会因为觉得他是孩子，笨手笨脚的，还不如自己来，不让他参与，要是有家长态度再差点儿的，直接呵斥老大，估计此时的老大们会有从天堂到地狱般的感觉。老大的存在感就这么被我们瞬间压缩了。在这样的状态下，老大会有老二来就是为了抢走我的爱的想法，和以前的情景相比，孩子会有自己的对比和猜测，会有落差。

　　我感受到了老大的这个心理落差，觉得自己应该做些什么来改变这个状态，毕竟我希望两个孩子能是最亲密的人生伙伴，作为家长不可能陪伴孩子的一生，但姐妹俩可以成为成长中最亲密的伙伴。

　　其实雨点儿刚来到我们家时，羽毛儿是很爱小雨点儿的，两个孩子之间的那种爱的连动是能流露出来的。是因为我在照顾妹妹的过程中忽略了羽毛儿的感受而让她感到受伤和失望，自然会让羽毛儿对妹妹产生了妒忌。

　　作为单亲家庭中两个孩子的妈妈，我是孩子们唯一争爱的对象。更需要多一些的智慧与她们交流。

　　当感受到大女儿的失落和争宠时，我意识到自己的不妥，于是，我找了个时间，单独带羽毛儿去吃她喜欢吃的东西，带她去她想玩的地方，只有我们两个人在一起。

　　那天，羽毛儿特别开心，我看到她脸上的满足感，然后就在只有我们两个人相处的这天，我与她做了交流。

　　我问羽毛儿喜欢妹妹吗？羽毛眼中立刻闪出喜悦的光芒并使劲地点点头，但很快又闪过一丝丝的暗淡，低下了头。我看了，很心疼。

　　我接着说："妈妈知道你很喜欢妹妹，但你知不知道为什么妈妈想要一个妹妹呢？"

　　羽毛儿眼神黯淡地看着我表示不知道。我把她抱到我的身边，看着她的眼睛跟她说："这是因为你呀。要知道妈妈生你的时候，当医生把你放到妈妈怀里时，妈妈头一次感受到一股温暖的重量压到了妈妈身上，我怀抱着柔软的你，觉得自己拥有了整个世界。随着你渐渐长大，妈妈每天都感叹拥有了一个可爱的小天使多么幸福，看着你，一切烦恼都没有了。你的每滴泪水,每个微笑都牵动着我的心,让妈妈感觉到自己的世界从此不一样了。是你让妈妈一下觉得生活中多了许多的乐趣与牵挂,是你让妈妈的内心变得更柔软了,更懂得了爱。所以妈妈特别爱你。因为妈妈太爱你了,就想要是有一个和你一样可爱的小天使,让她和你做伴、陪着你一起长大,当她是你最最心爱的礼物该有多好呀!妈妈知道你对自己的礼物,都特别的珍爱,所以妈妈在生日祝福的时候,许愿有一个和羽毛儿一样可爱的小天使能来到我们家陪伴她一起成长。这个心愿被听到了,所以妹妹就来到了我们家。让我们一起去爱她,陪她一起长大,好吗?"

羽毛儿听到这里,脸上出现了温柔的发自内心的笑容,快乐地点了点头说:"原来妹妹是给我的生日礼物呀!"小脸儿一下就笑开了花。我继续和她说:"对呀!另外,你是妈妈第一个宝贝,妹妹是在你之后四年出生的,这样你永远比妹妹多四年妈妈的爱,在这点上,妹妹是永远无法和你相比的。所以爱是不能用现在的一些表象衡量的。现在妹妹还小,完全没有任何的行为能力,她还不会自己走、不会自己吃饭等等,所以特别需要我们的照顾。当初你像妹妹这么大的时候,妈妈也是这么天天陪着你,照顾你长大的。现在妹妹和当初的你一样,她需要我们更多的关注与照顾,妈妈的精力有限,暂时只能多拿出时间和精力照顾妹妹,所以对你的关注就会少,希望你能理解。还有,有时妈妈看到你想来帮忙,但是妈妈太急了,很怕自己分心,可能有时没有照顾到你的心情,在这点上,妈妈向你道歉。妈妈应该相信你有能力协助妈妈照顾妹妹,妈妈可以看看有哪些你力所能及的事情,妈妈会交给你帮忙,我们一起照顾、陪伴你的生日礼物长大,好吗?"

羽毛儿听了非常开心,我看到她脸上的表情舒展了。老大的心结也打开了。回家后,我把给妹妹换尿布的任务交给了羽毛儿,我示范给她,她看得很认真,然后每次很小心翼翼地给妹妹换尿布,看她认真地嘟着小脸,眼光中含着温柔,很轻柔地协助我给妹妹换尿布的样子,真是感觉她懂得了责任。每次换完尿布,我都能看到她的满足感和自豪感,她总是用自己的小手去轻轻地抚摸妹妹的小脸蛋儿,一脸温暖地说到:"小礼物,现在舒服了吧,小可爱,小乖乖……"

其实你看,换个角度与孩子交流,告诉孩子她很特别,并和孩子表达出你的爱,和现在的实际状况,如果可以,就给老大点儿责任感,这个关系就可以开始改善。如果家长因为疏忽已经对孩子造成了伤害的,那么越早和孩子讲明,越早和孩子道歉并说明情况,对关系的修复就越有效果。

孩子也需要责任感,当她觉得这个生命的到来有自己的责任在里面参与,她会特别用心,把自己放在一个负责任的姐姐的角色,而不是一个争宠的角色。当羽毛儿了解到自己有责任陪伴妹妹长大,在这个过程中自己要尽一份力时,我感觉她真的长大了,像一个姐姐一样去面对这个小生命。

有的家长可能觉得小孩儿还小,根本没有必要这么做。其实不然,孩子的感受力大于成年人。如果家长从小忽略孩子的感受,那么孩子长大后也一样会成为忽略他人感受的人,这对于自己的个人成长、社会交往,以及自己的亲密关系上都会有不利的影响。如果从小被忽略感受的孩子长大后的生命中要么只有你,要么只有我,没有我们的概念。

我认为如果家长已经造成了伤害孩子感受的事实,可以适当的呈现脆弱,首先接纳自己并不是一个完美的家长,也会犯错,也会有控制不住的情绪,而不经意伤害了孩子,但父母的本意还是爱孩子的,和孩子表达清楚,和孩子承认自己的错误。

当你这么与孩子沟通交流时,你会发现,孩子真的会明白,也会理解你,这时孩子会展现出对家长的无条件的爱来支持你。家长敢于和孩子道歉,接纳自己不是一个完美的家长,其实也是给孩子做了一个很好的榜样,有利于以后孩子面对挫折的接纳度。

家长不做拯救者

多子女家庭中最容易引发家庭战争。每当两个孩子之间有矛盾时，家长最容易出来扮演拯救者的角色，可要知道，一旦家长把自己的角色定义为一个拯救者，家庭黑三角的关系就确立了。

我想这样的场景在多子女家庭中应该很常见：就是当小的孩子觉得自己受委屈了，就会立刻去找父母或爷爷奶奶去投诉，这时的大人一看到老二哭了来告状，就自然而然地直接判断是老大欺负了老二，即使不是这样，也会想当然地认为老大应该让着老二，毕竟老二小，然后自己就充当了拯救者的身份，这样老二自然成为受害者，也就直接把老大推到施害者的角色中。那么如果你成为拯救者，两个孩子和你之间的关系，就永远会在这样一个黑三角中走不出来（有些家庭不一定是向着老二，是向着比较讨巧显示弱者的那个孩子）。在多子女家庭中，如果在两个孩子发生冲突的时候一定不可以充当拯救者，要善于引导，这个非常重要！

那么怎样才能不陷入到家庭黑三角的黑洞中呢？

记得在我两个女儿稍大一点儿的时候，一天，我正在读书，小雨点儿红着眼睛委屈地走到我身边说："妈咪，姐姐把我的胳膊弄疼了。"说着眼泪忍不住地流了下来，小脸蛋气鼓鼓的。姐姐羽毛儿看妹妹来找我告状，吓得躲在卧室里不敢出来。

我看到这个场景，立刻放下书，把小雨点儿揽在自己的怀里，眼睛看了看她的小胳膊说:"嗯,小雨点儿的胳膊弄疼了呀,妈妈看到了,还真是有些红了呢。"(在这里,我基本上只是把孩子的话重复了一遍,并没有做过多的扩展和猜测。家长们不要在看到一个孩子哭着来找自己,尤其是小的那个,就想当然地认为孩子是来告状的,然后自己一下就捡起了拯救者的身份,去指责老大:"怎么回事儿,说了多少次,怎么在一起就打架,你都那么大了,怎么总欺负小的呀,就不能让人省点心吗……"之类的话,当家长一旦捡起拯救者的身份标签,就直接把老大推到了施害人的身份,而老二就成了受害人,反而把这个关系复杂化了,并激化了矛盾。)

我重复完孩子的话后接着问:"你来找妈咪,是想得到妈妈什么样的帮助呢?"(在这里,我没有直接给孩子下判断,而是给孩子一个开放式的问题,让孩子去扩展,因为有时孩子未必是来告状的,可能仅仅是寻求一个心理平衡,比如想让你抱抱她,安慰她等,而不是来搬救兵,去指责姐姐。用开放式的问题,可以试着让她自己表达自己的需求。)

小雨点儿可怜巴巴地望着我,又望望自己有点发红的胳膊,一直抽泣,两个小肩膀被带动的一上一下的。那时她只有两岁多,还不能很准确地表达她的需求。我就用自己的方式猜测她的想法帮她回答,我说:"是想妈妈抱抱吗?"她听完后点点头,就爬到我身上,让我抱着她,然后好像还有些不甘心,说:"可是姐姐还是把我的胳膊弄疼了啊。"带着些不满的情绪。

我抱着她说:"哦,那看起来好像是有点儿糟糕,会很疼吗?"我一边说,一边帮她吹吹发红的胳膊,然后继续问:"那你现在和我说的意思,是希望我把姐姐的胳膊也弄疼吗?"

这时小雨点儿坐不住了,两只眼睛瞪了起来:"那怎么可以!她可是我的好姐姐!你的亲生女儿啊!你怎么能把她胳膊弄疼呢!"她那表情,显然是对我有这样的想法颇为不满。

我听到这里，被孩子的天真逗乐了。你看，孩子多可爱，她根本不是来找我告状的，她只是需要妈妈抱抱。在她的认知里，妈妈的怀抱是最舒服的，是自己受了委屈、受了伤后最好的去处，寻求些安慰和安全感，来缓解自己受伤小胳膊的疼痛而已，根本没想要让妈妈出面为她去找姐姐报仇的想法。

我抱着她，抚摸着她的小胳膊说："那你说我该怎么办呢？"

小雨点儿很认真并一字一句地说："你只能去亲她！"每说一个字小脑袋都跟着点一下，很认真很认真的样子。

我装出很惊讶的样子说："呀！就是，妈咪怎么没有想到呢！那你能帮妈妈个忙吗？代我去亲亲姐姐，好吗？"

小雨点儿听完，还挂着泪珠儿的小脸蛋一下就乐开了花儿说："当然可以！"然后就跳下我的怀里，去卧室亲姐姐了。之后的情景，我想大家也可以想象到，两姐妹又有说又笑地抱到了一起。

所以你看，孩子其实没有我们大人以为的有那么多的心思，他们很单纯。在孩子的心里，没有那么多猜忌，也许仅仅就是因为你是她最信任的人，她找你仅仅是寻求一个拥抱，安抚一下她的情绪，然后把刚才那个不舒服的感觉释放掉，她就好了。所以孩子可以做到哭着哭着就笑了。

因此当两个孩子有矛盾的时候，家长尽量不要参与，就让孩子们自己去面对、去处理。要是孩子找到你了，你也不要把自己当成拯救者，像法官或判官一样的面对孩子的"告状"。直接就谁对谁错，谁需要谦让等口气，直接简单粗暴地拿个结果。这样的结果，会让孩子内心感觉到委屈和不甘，也只是暂时的压抑，并不能解决问题。只是把浮出水面的球暂时压了下去而已，但球其实还在。孩子们的关系也会因为你充当了拯救者而产生了分裂。

有这样一个故事：一位家长看到兄弟两个人分一个橘子，两人相持不下，家长就过来把橘子掰成了两半，一半给了弟弟，一半给了哥哥，自己认为自己分得非常的公平，没有偏颇。兄弟两人分别得到了一半的橘子后，哥哥把橘子肉扔了，只用橘子皮来做蛋糕的配料，弟弟只吃了橘子肉，把橘子皮扔到垃圾箱。看到这个结果后，各位觉得这个家长强行把橘子分成两半是最好的结果吗？

通过上面这则故事，就是想提醒家长们，不要武断地用自己的思维方式去处理孩子们之间的矛盾，要学会引导孩子自己去处理，不带任何评判地去猜测问题的发生，不带偏见，仅仅做为一个陪伴者，多提一些开放式的问题，引导孩子们自己去看发生了什么，让孩子们自己去找解决方法，自己提方案，家长仅仅就是陪伴、提问、协助而已。这样可以培养孩子的独立人格和处理问题的能力，还可以让两个孩子在过程中学会协调处事之道。

在羽毛儿、雨点儿的互动中我感受到她们彼此分享着成长的快乐，彼此安慰着每一个失落，相互监督着彼此的每一份计划，关心着对方的每时每刻，她们用自己的方式参与到彼此的成长中，孩子在这样的互动分享中总是让我感动。我们可能总是以为被爱是幸福的，但从孩子的互动中，我看到了爱与被爱同样是共同成长，同样可以获得幸福，她们的生命因为有了彼此的参与，更饱满、更有张力。

part 3
思想和脚步总有一个在路上
——带孩子读书和旅行

陪孩子寻找书中的世界

　　人生走了差不多一半的路，我现在依然保持着手不释卷的习惯。书仿佛是一位老友，有她陪伴的日子安宁滋养，让内心折射出光芒，让自己的生活因为阅读而变得有趣而温婉，书让我的人生有了无限可能。

　　阅读能协助孩子做正确的事，阅读可以使孩子更充实，帮助孩子更多维度地去分析思考，并保持成长型心态，不掉入到自己的固有思维中，不陷入到任何一种知识诅咒中，能带有批判性的思维去解读一些社会现象。还能让孩子对人生有更多的理解和认识，有更多的人生体验和感受，使其人生变得饱满而丰富，并拥有广阔的胸怀和格局。

　　在羽毛儿刚出生时，我就有意培养她的感受力和阅读能力。阅读不仅仅是书本内容，在她还不能阅读的时候，我先是用自己的语言和她交流。带她下楼出去晒太阳的路上，就会一路和她介绍我看到的，我会和怀里的她说："宝贝儿，妈妈现在带你下楼了，你看，迎面来的，是一位友善的爷爷，妈妈帮他开了门，他很友善地和妈妈打招呼，现在我们走出了楼口，我们眼前是小区的花园,在地上柔软的是草地,像地毯一样地铺在地面,高高的树木,它们看到你来了,都很开心,在和你打招呼,挥舞着它们的手臂在摇曳,树叶发出'啪啦啪啦'的声音,是在鼓掌欢迎你的到来,你感受到微风了吗?她在抚摸你的脸,非常的轻柔,你现在听到的声音是游泳池中小朋友的嬉闹声,游泳池像一位包容的老奶奶,用她的怀抱承载着孩子们的欢乐……"

不要小看父母的语言,从小多让孩子听你和他表达,多对他说话,有助于孩子大脑突触的发育和连接。在孩子早期还不能阅读的时候,保持和孩子多说友爱、正向的话语,对孩子的成长有很大的好处。

当孩子开始能阅读一些简单的图文的时候,我就买了《不一样的卡梅拉》《忙忙碌碌镇》《咕噜咕噜转》等著名绘本,陪着孩子一起阅读。虽然这些绘本绘画风格简单,色彩不复杂,有颜色的也基本是三原色(我列举的这几本都是黑白单线条的书),但切记不要用大人的眼光去选择绘本,孩子的关注力和我们不同,孩子会更容易关注细节,而不是被各种各样的颜色所吸引。这个时期的绘本不需要多少文字,没有文字的单线条书籍也很好,更能扩展孩子的想象力和创造力,比如《阿罗的故事》和中国的《神笔马良》。孩子收集信息的方式和我们大人不同,所以不要强加自己的想法去给孩子买书。

我记得曾有家长请我推荐书籍,我根据孩子的年龄推荐了几本,家长不能理解,觉得好像对孩子的学习没有多大帮助,没有文字,没有色彩,太单调乏味。我想说的是,这些都是从成人的角度去看,而不是从孩子的角度出发,在这个年龄阶段,不要试图给孩子"教"什么,更不要有"教"的痕迹。就让孩子自己去发现,自己探索书中的内容。这书毕竟是给孩子读的,不是给家长读的,孩子更清楚自己要从书中获取什么。家长购买书的时候不要只想着购买能教会孩子什么的书籍，那些书籍都是卖给家长的，不是卖给孩子的。

　　孩子更需要从单纯的信息中提取自己的需要。记得我带羽毛儿读《咕噜咕噜转》的时候，每页都是黑白单线条的各种超出我们想象力的车辆，我就一页一页地翻着和孩子一起找自己喜欢的造型车，彼此分享。翻过一遍之后，在读第二遍的时候，羽毛儿在我每次要翻书的时候，都按着书不让我翻，然后嘴里念叨着："小虫子，小虫子。"刚开始我很纳闷，不知道她表达的是什么意思，还以为有什么虫子让孩子害怕呢，后来，羽毛儿就指指满满一页大约有几十辆车的其中一辆车的车窗内露出半张脸的小虫子。我才恍然大悟，竟然在这么一堆繁杂的车辆中藏着这么个小东西，我竟然完全没有发现！要不是孩子指出，我的眼睛根本不会往车窗里看，只会被车辆的外观造型抓住眼球，而且那虫子只有半张脸！羽毛儿看到我也看到了"小虫子"，表情有些得意，开心地拍着小手，赶紧把书翻到下一页，又说："小虫子。"我急出一身汗也没有找到"小虫子"在哪里，我猜"小虫子"可能只是刚才那一页的一个意外而已。结果羽毛儿看我盯了半天也没有找到"小虫子"，开心地笑仰过去，然后又用小手给我指了一个车轱辘的边缘。天！这次那个小虫子露出的是半个身躯的侧影！而我还在寻找小虫子的半张脸！这之后我们不是再盯着车看了，而是在整本书中寻找"小虫子"的过程，每次都是羽毛儿赢。

　　我用大人固定的眼光和思维，根本看不到每次变化了部分身躯的"小虫子"露出来的样子。这次的阅读，给了我很大的启发，让我非常感动的是：孩子能那么精微地、单纯地、不先入为主地去观察，而作为成年人的我，只能用自己固有的思维去看问题、去寻找我以为的答案。真不能小看孩子，她在某种程度上是我的老师。

羽毛儿特别喜欢听我给她读书。孩子的记忆力也超级好，你错一个字或者读的语序不同，她都听得出来，直接指出。虽然孩子未必认得字，但一点儿不影响孩子的理解能力。记得有一次羽毛儿靠在我身边静静地听我给她讲《爱心树》的绘本，这个绘本讲的是一棵树和一个小男孩儿的故事，当我把故事讲完，看到小羽毛儿眼圈红红的，小嘴憋住好难过的样子。我好奇地问她："宝贝儿，怎么了？"羽毛儿听我这么问她实在忍不住了，"哇"的一声就哭了起来，哭得让我觉得好揪心。我立刻搂住羽毛儿，抚摸着她，问她怎么了。她哭着说："妈妈，我觉得这棵树太可怜了！这棵树好像妈妈……"听到这里，我眼圈也红了，孩子听懂了这个故事表达的内容，那棵树隐喻的是那种无私的爱，孩子体会到了。所以不要低估孩子的理解能力，虽然她可能并不认识里面的文字，但她完全能听懂故事的内容。

那段时间，每日睡前都会陪着羽毛儿阅读绘本，羽毛儿对书中的内容也很着迷，每次听完小脸上都浮出满足感。有时自己忙忘了，羽毛儿都会拿着绘本来找我，一定要我阅读完才肯去睡觉。不知什么时候起，她自己开始学着我的样子阅读书中的内容，和我念的竟然一字不差，我很好奇地问羽毛儿，这些字都认识吗？小羽毛儿摇摇头，但依然不影响她能拿着绘本一字不差的阅读下去。阅读的习惯也就这么潜移默化地形成了。

在多子女的家庭中，如果能给老大培养好阅读习惯，老二的阅读习惯自然也就会轻松养成。小雨点儿出生后，因为家里太多的事情要自己一个人去面对，没有那么多的时间陪雨点儿阅读，没有想到姐姐羽毛儿竟然担负起了这样的责任。有时我下班回到家，看到羽毛儿在给妹妹阅读绘本，那个时候的羽毛儿也刚上一年级，她会教雨点儿读拼音，告诉她不会的可以用拼音。而且羽毛儿在写语文作业的时候，就请雨点儿帮忙默写生字，这个任务竟然真的被只有两岁多还没有上幼儿园的小雨点儿承担了起来，给羽毛儿默写这个任务小雨点儿一直承担到了自己上小学。

小雨点儿在没有任何刻意学习文字的情况下，在上小学之前就已经能阅读大量的不带拼音的儿童文学了，读一年级的时候就跟着姐姐把"哈利·波特"系列厚厚的八本都读完了，还有《福尔摩斯探案全集》等。之后基本上姐姐年级推荐的书，雨点儿都跟着姐姐一起读，现在我读的书，她们也开始有兴趣一起读，并分享读后感。

用脚步丈量生命地图

若要读懂生命，除了读书，还需要用双脚去丈量。让脚印去书写我们的经历，描绘出气韵生动的人生地图，透视出我们生命的节奏。

当然，带孩子"行万里路"不是旅行团似的走马观花，到此一游的那种"行"，一定要带孩子深度去丈量这"万里路"和"万卷书"之间的交集。在"行"中了解文化的根基，在"行"中建立孩子的人格品质。在"行"中让孩子去体验生命的意义。

"行万里路"与"破万卷书"是互补的，一个是静态的，一个是动态的。书中的知识有限，需要用想象力去构建，用大脑去思维，"行"是无限的，需要用身体去感知，"行"需要依托大脑的构建让其更饱满地表达，"读"需要用"行"的方式去践行和延伸，二者互为补充，缺一不可。

如果能从小培养孩子的阅读习惯，并能不失时机地带孩子用身体去感受自然，去各处行走，对孩子的成长来讲意义非凡。

在小雨点儿一岁多，能自己独立走路了之后，我就开始带两个宝贝儿出去旅行。刚开始是附近景区、自然风光为主。

　　一提起旅行，总会让人想到远行，在孩子还小的时候，公园、附近的旅游景区、周边的城市、乡村都是不错的选择。在羽毛儿、雨点儿小的时候，一有空我就会带她们去这些地方游走。让她们更多地去接触大自然，让她们的心灵感受到大地母亲的怀抱和亲吻。让孩子们看到这个世界的宽广无边，看到四季变化的流转。体验用自己身体中的每个细胞都去拥抱自然的一切：和露珠、清风、花草拥抱，与它们一起舞蹈，与自然融为一体……让她们用心去丈量这个世界的美。每当这时，她们会用双手触摸季节的颜色，用小脚丫去踩踩土地的质感，用小鼻子去嗅一嗅泥土青草的芳香……

　　人如果没有真正用你的脚去丈量下草原、山川，没有用你的脸去贴贴苍古的树皮、用你的嘴去亲吻清溪泉流，没有用你的脚踩过干枯的树叶发出吱吱的声音，没有用你的身体去感知自然，是无法深切地感受到生活之美的。

　　当孩子渐渐长大，每年利用孩子的寒暑假，我们全家都出去旅行，基本上暑假都是自驾近一个月，寒假如果自驾不了，就选择国外跟团旅游。这么几年下来，我们一起行走了半个中国了吧。

　　在旅途中，孩子们课本上的内容跃然眼前，这让孩子们兴奋不已。记得雨点儿刚读鲁迅的三味书屋时，就特别想看看鲁迅笔下的百草园长什么样子。我们那年的暑假就去了绍兴。当课本中文字的内容展现在雨点儿眼前的时候，雨点儿惊呆了。我看到她停在那里半天没动，我猜她是在把想象中的百草园和现实中的百草园对焦，过了一会儿，她忽然冒出一句："原来鲁迅这么幸福，他的百草园比我想象中的大好多呢。"

　　然后她就沿着书本中的内容一点点去看百草园和三味书屋，去感受鲁迅的童年。

　　我带孩子练习过书法，到了绍兴自然少不了要去"鹅池"看一看。在书圣王羲之当年写《兰亭序》的地方，孩子们还亲自感受了一回"曲殇流水"的游戏过程。平时在家描写的兰亭序是如何由来的，自然也体会了一把。

羽毛儿在科学书上了解到漠河可以看到极光时，就提出了想去漠河的想法，那个暑假我们就自驾去了漠河。北极光自然是没有看到，但看到了许多最北的地方，也看到了"最找不着北"的地方。孩子们感受到了这里的饺子特别的贵，牛是会自己回家找盐吃的，白天特别的长，到了晚上十点半了我们还在外骑着单车欣赏着晚霞满天。听租单车的大爷说这里到了冬天，雪厚到比房子都高，基本上会淹没整个房屋，人在房间里是出不来的。孩子们睁大了眼睛、张大了嘴巴无法想象冬天这里的模样。

到了半夜斗转星移，北斗星、牛郎、织女星、银河玉带……尽收眼底，孩子们儿时听的牛郎织女的故事终于在这里的空中出现了，我们一起仰望星空，悄悄祈祷，希望他们能早日团聚。看到有流星划过，我们赶紧许愿，只是这里流星多的来不及想好多愿望……

我们可以在一条不知名的河边花大半天的时间任清澈透明的河水从脚下、指缝穿过，在河面上用石子打出一圈圈的涟漪，用河边的小石子堆出各种城堡……

我们一起住沙漠帐篷、篝火边歌唱、在寺庙僧侣家借宿、体验红军长征过草地、翻雪山的艰辛、想象秦始皇统一天下的豪迈……

我们参观了无数的博物馆，看着人类历史的发展和文明的演变，我还给孩子们讲了许多关于这些历史的小故事，从原始时代一直讲到宋元明清，讲述着令我敬佩的一个个鲜活的历史人物，一个个流传至今的文物宝藏……

在山水间我们还喜欢用自己改良过的"飞花令"游戏来诵读诗词，一起感受着李白与孤独的对话；杜甫怀才不遇、忧国忧民的心情；陶渊明"采菊东篱下"的悠然；还有苏轼在山水间的释怀。一起用脚步丈量"飞流直下三千尺"的距离，用眼光扫描"天苍苍，野茫茫，风吹草低见牛羊"的广阔……

我们一起感叹这些胜景如果缺少了文人墨客作品的"光临"，就跟缺少了灵魂一样，黯然失色。我们身临其境，能感受到这些诗句字字皆从作者心底流露而出，真情传递。

这些文人笔墨刻进文化长河之中，千百年来滔滔奔涌，只有在自然中才能与我们有缘相会，让我们与古人在此刻神交。随着岁月变迁，诗人的名字，也许会被我们淡忘，但他们的作品却能持续滋养着我们一代又一代，每次读这些诗词，总有回家的感觉。

旅行中我还带羽毛儿、雨点儿参观了朋友的厨余垃圾处理公司，在那里孩子们看到自己吃剩的饭菜最后可以通过一道道工序变废为宝，成为我们生活中可用的汽油、电、液体肥料、固体肥料，然后又回归到土地。

在参观整个工厂的时候，孩子们看了生物实验室，了解到生物在生活科技上的用途。看过之后羽毛儿新奇地说那些机器好像是模仿了人的胃，用微生物把垃圾消化变成了肥料，太有意思了。看到了科技运用在商业中，大屏幕就可以指挥和看到所有的运输车辆的装载情况和重量。在这里孩子们也了解到垃圾分类的重要性，如果不分类会给垃圾处理带来很大的麻烦，而对于我们每个人来说，仅仅是一个小小的习惯和动作，却能给整个垃圾处理带来很大的方便。还了解到电池、塑胶这些垃圾对土壤环境的严重危害。

从此以后，不管在家里还是在旅途，孩子们对垃圾分类有了概念，并很认真的执行。旅途中如果看到自然景区有没归位的垃圾，孩子们都会捡起来分类丢到垃圾桶中。如果没有垃圾桶，就自己装着，直到有垃圾桶的地方才丢。尤其看到有乱丢的塑料瓶、电池一定会捡起来丢到指定的垃圾桶中。她们用自己的实际行动，去践行保护自然环境。

还有一次，我们自驾路过扎龙丹顶鹤自然保护区时，我们从一堆游人脚下救了一只差点被踩死的刚孵出的小鸟。孩子们很心疼这只小鸟，知道它找不到妈妈了，也没有任何自理能力，如果我们不管它，它一定会被饿死。于是孩子们小心翼翼又带着几分兴奋地带小鸟回了我们住的酒店。小雨点儿想到小鸟是要吃小虫子的，刚好我们住在扎格达奇这个城市，这座神奇的城市中就有原始森林，刚好离酒店不远，我们就立刻出发到原始森林找虫子给小鸟吃。结果并不乐观，我们好不容易找到一只小青虫，小雨点儿很开心，欢呼地说着，小鸟宝宝有吃的了。我一路单手高举着小青虫吐的丝把它带到酒店门口时，小雨点儿忽然脸色沉了下来，刚才的高兴劲儿一下就消失了。我问她怎么了，她说："妈咪，可是小青虫要是被小鸟吃了，这个小青虫也太可怜了。它好好的在它的森林里生活，可我们却因此剥夺了它的生命，我们不应该这么做，我们还是把它放了吧。"我看到小雨点儿难过的样子，也顾不上自己一直举酸了的手臂，又提着那根丝把小青虫放回了原始森林。可是问题又来了，这样小鸟就又没有吃的了。小雨点儿有些为难地看着我。羽毛儿说要不我们找点儿软的东西，比如小米粥什么的试试。我们就沿路一家一家店铺去问，最后我们带回了一些红薯、粥等食物，希望小鸟能吃。可小鸟太小了，不会自己吃饭，需要像鸟妈妈一样喂到嘴里才行，这下急坏了两个宝贝儿，后来她们想到用吸管模仿鸟妈妈的嘴，我们又出去买吸管……折腾了近两个小时，总算是给小鸟喂到了食物。我们又用细点儿的吸管给小鸟喂水，不至于呛到它。还找来了硬纸盒，用卫生纸撕的很细的长条给它当窝，让小鸟住在里面。小鸟真的在我们这样的照料下长大了，跟着我们一起走了余下的旅程，在这个过程中，两个孩子感受到了小生命的可贵……

行走的路上会有许多奇遇，我们看到月亮大得像太阳一样在我们眼前散发着宁静又平和的光芒，看到星星亮得像远方的灯光，伸手可摘，看到了憨

第三章　爱的家庭关系，陪孩子享受过程

态可掬的小狐狸盘卧路边，看到眼神极度沉稳的猫头鹰从眼前飞过，看到岩羊歪头观察着我们……

高效陪伴
——如何让你的爱不"越界"？

在和孩子的关系中，如果作为家长的你感觉到了窒息，那是因为你在爱中越了界，没有理清楚自己在爱中的界限。许多家长在爱中，看似总说孩子离不开自己，实际上是自己离不开孩子，而创造出来扭曲的关系，让表面看起来是自己不得已为了孩子做的牺牲，但实际上是用孩子来填满本来应该由你自己填满的一个内心空间。

其实家长这么做是潜意识中的恐惧造成的。孩子和家长之间的爱与其他的爱都不同，其他的爱是让彼此关系更近，以聚合为目的。而只有家长和孩子之间的爱，是一个渐行渐远的过程，直到将来的某一天，你甚至不再是他最亲密的家人，他会有自己的小家，甚至你成了这个家外的一员。这让家长们从一开始潜意识中就种下了将会分离的恐惧。有时这种恐惧是悄悄影响着你的行动，让你不自觉地产生一些行为跨过了爱的界限去影响孩子。

这个世界上，我相信每位父母对自己的子女都是爱的。但这份爱中夹杂了家长的期待和控制。作为家长要给孩子无条件的爱，无条件的爱就是要永远保持开放的心。那么从现在开始，放下对孩子的期待，也放下你想从给孩子爱中获得的需求与回应。

第四章

养成优秀品格，
陪孩子一起善良

我相信"人之初，性本善"。这个"善"不仅仅是我们现在意义中的善良，这个"善"是一种圆满。孩子原本具足的一种能量、一种与生俱来的高贵品格，我们要好好保护孩子的这份品格，让这样的品格守护孩子一生的圆满。

part 1

守护孩子的品格
——处理自己和伙伴们的关系

我该无私吗？

一天，羽毛儿写完作业说想和我聊聊，我放下手中的书安静地看着她。她看了看我问道："妈咪，我们现在初中学习这么紧的情况下，我是否应该继续帮助其他同学？"

我好奇地问她为什么会有这个想法？让她为此多说一些。我知道羽毛儿从小就是一个特别善良的孩子，特别乐于助人，有小朋友找她帮忙，她总是很认真负责、尽心尽力地去做。

这次她这么问我，看来确实是有什么为难之处了。我看她叹了口气，然后抬起头，面露为难之色看着我说："是这样的，老师说我们现在离中考越来越近了，学习任务也越来越重了，压力也很大，说现在就是竞争的状态，让我们都管好自己的学习。现在同学们都开始有竞争意识了，有学习不好的同学问学霸问题，老师也暗示不要帮忙，担心学霸成绩下滑。学习好的这些同学们，也都开始不肯再帮助其他同学了。结果现在问我的同学就越来越多了，我每天花了不少时间去给那些上课没有听懂或者有些作业不会做的同学讲题，然后才回来写作业，确实耽误了我好多的时间，而且我感觉自己的学习成绩像滑滑梯一样向下滑，为此我很纠结也很担心。纠结的是，我该不该继续帮助不会的同学，担心的是，面临中考我是否还能考进我的理想学校。"

我听了，内心为羽毛乐于助人的善良点赞，同时也能感受到她的沉重。毕竟面临现在竞争环境这么激烈、压力这么大的情况下还能花时间去帮助他人确实不易。

我心疼地摸摸羽毛儿的头没有直接回答她的问题，而是问她："宝贝儿，妈妈很欣赏你在这个时候还能无私地去帮助其他的同学。从妈妈的角度来看，竞争确实给你们造成了很大的压力，但帮助他人这样的人生品格是要伴随你一生的，不可丢弃。不知道你是怎么想的？"

羽毛儿说："嗯，我也觉得同学既然找到我帮忙，我就应该帮忙。可因此确实占用了我太多时间，我想画导图复习的时间和我做作业的时间都被占用了，而且我的成绩确实也因此下滑了。现在以前能问的那些学霸不肯花时间帮助其他同学了，我还愿意帮忙，我的时间就会被占用了许多，还有就是大家都开始自私了，就我一个人无私，好像有些不公平。"

我听羽毛儿这么说，觉得有必要讲一下我的观点，我说："宝贝儿，你有没有想过，当别人都自私的时候，你的无私会让你与众不同，会让你独一无二，将来如果大家都是自私的，只有你无私，你就会脱颖而出。"

羽毛儿不解地看着我。

我说："做独一无二的自己确实不容易，但是很值得。妈妈问你，帮助他人虽然占用了你的时间，你快乐吗？"

羽毛儿想了想愉快地点点头："嗯，能帮到同学，我有价值感，是快乐的。而且同学们很感激我，虽然我帮助同学的时候，仅仅是想帮忙，并没有想获得她们的感激，但她们感激我的时候，我内心还是很愉悦的。有时同学们还会送我些小礼物，我不要，但她们非要给我，表达她们的感激。我拿了反而会不好意思，妈咪，你觉得我应该收下她们的礼物吗？"

"如果同学是出于感激的话，只是一些她们能力范围内的小礼物，我认为你可以收下。这是同学对你付出的感激和肯定，你值得拥有。同时，你收了这份小礼物，同学的内心也会减少些愧疚感，下次找你帮忙，她们也会轻松些。小礼物在这里充当了能量平衡的工具，能让彼此更轻松、有联结。但如果礼物是超出同学的能力范围，而且有交换意识的话，那就不可以收，这个礼物的性质就变了，把握好这个原则，就没有问题。"

羽毛儿愉快地点点头说："嗯，我也是这么想的，所以收的就是一块巧克力糖果之类的好吃的小东西，如果我觉得是她们刻意买的，我就都没有要，我会有压力和不舒服感。"

我笑着摸摸羽毛儿的头说："嗯，保持自己喜悦的心情很重要，不要让自己的付出承担压力的重负。"

说完收礼的事后，我继续说："其实学习分为三部分，一部分是在课堂上学习的知识，一部分是通过'教'来'学'，还有一部分是通过实践来学习。这三部分缺一不可，缺少任何一部分都有可能让你学习的不透彻、不扎实、不实用。这就好比是水的三种形态：气化、液化和固化。在妈妈看来，这三个比例中，后两者占的比例更大，课堂上学的东西仅仅是字面上的理解，就好比是水蒸气，在你的大脑中能感受到有，但又很模糊、摸不到。当你能够讲给别人听，这时知识才能进入你的大脑进行深度思考和理解，这就好比是液化的水，你能摸到、能看到。如果再能运用到生活中的方方面面，那才是融入血液、融入生活中的真知识。才算成为你自己的知识体系和结构。就象固化的水，可以让你看到、摸到，还能造出各种形状。从这个角度来说，有同学来问你题，实际上是给了你一个'教'的机会，让你能够深度思考地去解析，让你的大脑进行了再度学习。"

这时我看到羽毛儿的眉头舒展了，认真地听我说。

我继续说道："其实课本中的许多知识，你让妈妈现在想起来，基本上都忘光了。就是你现在学习的许多内容，我都已经看不懂了。但谁记得最清楚呢？是不是就是你们的老师。老师为什么记得清楚，因为老师要教会学生，他必须比学生更透彻地了解这些知识。'教学'这个词实际上是应该'教'和'学'分开来看的。你们做为学生，是以'学'为主，但'学'是被动式的吸收，这样只能浮于表面的学习，并不能给你们带来深刻的记忆。基本上考完试就忘光了。要知道，知识是有厚度的，不是文字表面的那些内容，知识的厚度需要你深度挖掘，如果能把这些知识'教'出去，那么你就开始在知识的厚度上下功夫了，已经开始在大脑中深度构建了这个学习的过程，能够把这个知识用自己的语言组织出来，可以协助你形成学习的内动力和自主学习意识，这样反而会提高你的学习效率，对知识的记忆也会更长久和深远。要知道要想形成终身学习的能力，必须学会对于知识进行'输入'和'输出'的两个管道，这才是'教'与'学'的结合。'输入'原本就是为了更好地'输出'。从这个角度来讲，你其实为自己赢得了深度学习的机会，所以没有什么绝对的公平，看你从哪个角度去看了，这是回答你公平的问题。另外，能协助他人是很可贵的人格品质，不能因为现在短期利益驱使就丢掉了，这算是妈妈对你的忠告。"

羽毛儿听到这里，感觉到她心中的疑惑和纠结已经散去了。然后她问我对于学习成绩下降的事情要怎么调整。

我说："暂时的学习成绩下降可能是你不适应现在的时间结构，新增了这部分帮助人压缩了你原有的时间计划。在这方面你需要做时间上的调整并在过程中提高自己的效率。帮助他人的前提是要保证自己的能力不下降。你可以重新来看一下自己的时间，用于保证自己的作业和复习的时间大概需要多少，都一一列出来，每天切分出一块时间来帮助同学，这样在时间上给自己一个提醒，不至于顾此失彼。也要学会对于给同学的协助做个判断。比如，如果说有些同学有了依赖心，每次都不思考就来问你，你就要区分，这样的协助点到为止。如果有些同学就是上课不好好听讲造成的，那她需要自我负责，在自己保证好好上课听讲的前提下真的有不会再问，或者课堂没有消化的内容可以让她直接问老师，对于真的是有思考难度、不易理解的，你可以多花些时间帮助这些同学，协助大家一起进步，自己区分好这些界限，再调整好自己的时间，我相信你有能力调整好，并且成绩会很快恢复。"

羽毛儿听完很有信心地点点头，她再没有为这件事纠结过。

最近因为疫情的关系，孩子们都在家上网课，羽毛儿时常要录些小视频让我们保持安静。我好奇地问她是什么视频？她愉悦地和我说她现在是各科老师的"牛蛙组"成员，有部分的难题，老师会让这个组的成员录下来讲解给全年级的同学听，她每次都会选择最难、最有挑战的题来讲，所以要录成视频播放给同学们。有时上课，她看到有挑战的难题，也很积极主动地分享自己的解题思路，因此她获得了"助人之星"的称号。我想她正在体验着无私奉献的快乐。

这让我想起羽毛儿五岁多的时候，一天晚上我回到家，看到羽毛儿红着眼睛哭过的样子，旁边还放着她珍爱的存钱罐，里面的硬币散落在她身边堆成一堆……

我不知道发生了什么，心疼地抱着羽毛儿问她怎么了。羽毛儿哭着趴在我怀里说，她看到有个电视节目里说有个小朋友才两岁多，得了白血病没有钱治病，那个小朋友很痛苦，羽毛儿不想让她痛苦，她想帮忙。然后她指着面前那一堆硬币，算是她所有的积蓄，请我帮忙把这些钱都给那个小朋友。

那个小朋友就有救了，就不用那么痛苦了。

我抱起伤心哭泣的小羽毛儿说："好的，那个小朋友的联系方式和汇款方式你记下来了吗？妈妈明天一早就去汇款。"

羽毛儿一听就傻了，一下就又急哭了。她不知道钱是需要有账号才能汇出去的。

我看羽毛儿一下又哭得很伤心，赶紧帮她想办法："别急宝贝儿，你想想，刚才看的是哪个台，也许还有重播。"羽毛儿一听还有希望，一下就开心起来了，赶紧翻看各个电视台。

那段时间她总是守候在电视旁，不是在寻找动画片看，而是在守候一个汇款地址……

和"小霸王"做好朋友

小雨点儿在香港读书的时候，一起同行的孩子里有个人称"小霸王"的男孩儿。所有的孩子都躲着他，妈妈们看到这个男孩儿来，就会赶紧把自己的孩子拉远，那感觉好像躲避瘟神。

一天，我到香港关口接雨点儿，路上几位妈妈看到我就神色紧张地和我说："'小霸王'在欺负你们家雨点儿，你快点儿去看看。"我不知道发生了什么，赶紧加快脚步往前走，刚好看到迎面走过来的雨点儿，确实好像哭过的样子，眼睛还红红的，旁边是"小霸王"和他的妈妈。

雨点儿看到我，脸上立刻浮出笑容跑了过来。"小霸王"的妈妈也赶紧过来向我道歉说:"雨点儿妈妈,实在是对不起。这个孩子真是不好管教,他总是这样淘气欺负其他小朋友,真拿他没有办法,小雨点儿这么乖巧的孩子,都被欺负,真是太不像话了,我回去要好好说说他……"

小雨点儿听到这里摇摇头说:"阿姨,龙龙(化名)并没有像您说的那样欺负我,他是在和我玩儿,只是他不清楚他的力量太大了,弄疼我了。我才哭的,不是因为他欺负我,我知道他本意并不想欺负我的。"

那位家长惊讶地看着雨点儿半天说不出话来,因为雨点儿不但脸被捏红了,手也出血了,她还专门帮雨点儿贴了创可贴来止血。

雨点儿转头望着我说:"妈咪,我们过关时其他小朋友不和龙龙玩儿,我知道龙龙来找我是想和我玩儿,我就跟他玩儿,他可能是太开心了,不知道要如何表达,才捏我的脸,但他用力太大了,我眼泪都给疼出来了,他看到了就不捏我脸了,他想拉我手,结果他的指甲太利了,划破了我的手,但我知道,他就是很单纯地想和我玩儿,并无恶意。"

我很欣慰雨点儿并没有像其他孩子一样带着偏见去看这个孩子,也没有因为自己受伤就去责怪抱怨这个孩子,能中正地看待这件事情。我蹲下来摸摸雨点儿的小脸蛋儿,看看她受伤的小手,并无大碍。

这时,雨点儿把头转向那个躲在妈妈身后的小男孩儿说:"龙龙,你以后不要这么大的力气,真的好疼。"

这时,我看到龙龙妈眼里含着泪说:"小雨点儿,谢谢你愿意和龙龙玩儿。阿姨给你买好吃的,今天去阿姨家吃饭吧。"

我看到龙龙也从妈妈的身后试探着走出来和小雨点儿道歉说:"我确实不是故意的,我真的不知道会弄疼你,还疼吗?"

雨点儿这时脸上露出了往日阳光般的灿烂说:"没事儿,现在已经不疼了,下次可要注意了啊!"

第四章　养成优秀品格，陪孩子一起善良

龙龙妈特别激动地和我说："雨点儿妈，能否让雨点儿到我家去吃饭，你也一起吧，难得有小朋友愿意和龙龙玩儿，我保证不会让龙龙欺负小雨点儿，不会再弄疼她了。"

我看着龙龙妈和小龙龙心里很不是滋味，这个孩子可能就是想和小朋友们玩儿，因不善言表，也不清楚自己的方式在别人眼里是一种伤害，而被孤立。雨点儿是第一个愿意和他玩儿的孩子，他激动到不知道如何是好，而弄伤了雨点儿。

我回复龙龙妈说："先谢谢你了，我就不去了，回去还要接老大呢。至于小雨点儿，她的事情一般都是她自己决定，我不做主。"

然后我转过头对小男孩儿说："龙龙，阿姨相信你不会再弄疼小雨点儿了，你想和她做朋友，就要善待自己的朋友，朋友之间都是要相互帮助、相互关照的，你说对吗？"

小男孩儿很认真地点点头，很懂事儿的样子。

小雨点儿大方地和龙龙妈说："阿姨，我愿意去你家和龙龙玩儿，不过我要把作业带上，我要先写完作业才吃饭，然后再和龙龙一起玩儿，可以吗？"

龙龙妈一听开心得频频点头："当然可以！雨点儿学习那么好，还可以给龙龙做个榜样！这真是太好了！太好了！"龙龙妈已经激动得语无伦次了，就这样，小雨点儿和我告别后，就上了龙龙妈的车走了。

从这以后，龙龙妈常邀请雨点儿到家里做客，她和我说自从雨点儿去他们家后，还带动了龙龙认真地写作业，效率也提高了，她再也没有因为龙龙写不完作业晚睡而和龙龙生气。

由于雨点儿在学校的人缘一向很好，小朋友们看雨点儿都和往日的"小霸王"做了好朋友，也渐渐开始和龙龙玩儿了。小龙龙也日渐开朗了起来，有时还会主动到我家来串门，找雨点儿玩儿，也偶尔和我聊聊天。

龙龙妈看到小龙龙的改变特别高兴，周末还带着雨点儿和龙龙一起学习骑自行车，雨点儿也在龙龙妈的耐心陪伴下，学会了骑自行车，倒是省了我不少事儿。

这让我想起一次带雨点儿吃面条的经历。那次，因为雨点儿在家帮我收拾家饿坏了，我来不及做饭，就带她到楼下吃面。当面端上来后，着急吃的雨点儿怎么都夹不到面条到嘴里，面条像长了眼睛一样，一次次从她的嘴边溜走。

小雨点儿费了半天劲都没有吃到面条，很生气，想请我帮忙。我望着三岁多的雨点儿并没有帮忙，而是对她说："你那么粗暴地对待面条，它当然不让你吃了。你试着温柔一点儿对它，慢慢地夹起面条再送到嘴边试试。"

雨点儿听了我说的忽然开心了起来说道："原来面条也要人对它好才行呀！太可爱了！"

然后就小心翼翼地把面条送到嘴边。她这次真的吃到了面条。吃到面条的雨点儿满足地说："妈咪说的真对！"

"是啊，你要想别人怎么对你，你就要怎么对待别人，面条也不例外。"

part 2

"狼来了"的后遗症
—— 有诚信，不要哄骗孩子

"谎言"成真的鹦鹉

在雨点儿刚上幼儿园的时候，一次放学回家，开车路过小区门口时，雨点儿看到几个儿时熟识的小伙伴正在玩耍，就闹着要下车参与到小伙伴的队伍中去。这时，坐在车后座的姥姥看雨点儿闹着要下车，就急忙说："家里飞来了两只鹦鹉，快回家看，别在这里和小朋友们闹。"

雨点儿听到后，自然非常开心，欢呼雀跃地跳下车就飞奔上楼。我看孩子下了车，就扭头问姥姥："家里真的有鹦鹉？"姥姥听我这么问，有些不好意思地说："怎么可能，我是骗她的，想让她早点儿回家吃饭。小孩儿嘛，才三岁多，能记住啥，回到家，给她拿点儿好吃的，一哄就忘记了。"说完，也就匆匆下了车。

我心中感觉不妥，那么快乐飞奔回去的雨点儿，迎接她的将是一脸的失望。我打开车窗冲着姥姥的背影喊道："你回去和雨点儿说，鹦鹉被邻居借去了，妈妈去拿回来，我现在就去花鸟市场买两只鹦鹉回来。"

姥姥看我这么较真有些不高兴地说："有必要这么认真吗？"我没有回

答她，立刻掉头开车去了花鸟市场。

　　当我提着装有两只鹦鹉的鸟笼推开门时，小雨点儿期待的表情一下舒展开了，双眼放光，只见她蹦蹦跳跳地跑过来，小心翼翼地接过鸟笼，银铃般的笑声洒落在她身后，嘴都合不拢了。

　　"妈咪，妈咪，它们太可爱啦！"雨点儿接过鸟笼后，眼睛就没有离开过这两只色彩斑斓的鹦鹉。

　　"她们好漂亮呀！它们有名字吗？吃什么呀？喝水吗？一天吃几顿饭呀？我要怎么照顾它们呢……"小雨点儿连珠炮似的问题，根本等不到我的回答。

　　我陪着雨点儿，把小鸟安置在阳台，一边给小鸟安家一边解答她的问题。我告诉她小鸟喜欢在大自然中，家里的阳台可以呼吸到新鲜的空气，看到绿色的树木和美丽的花朵儿，是最接近大自然的地方，小鸟在这里一定会很舒服。

　　我又拿出刚才准备好的鸟粮交到雨点儿手里，嘱咐她小鸟的用餐习惯，要如何按时按量，小鸟喝的水要勤换……

　　小雨点儿一直秉着呼吸安静地听着，生怕漏了什么重要的信息似的，锁着小眉头，那模样真是要完成一件生命大事儿的样子。

　　雨点儿给两只鹦鹉分别起了名字，就开始一边和鹦鹉聊天一边用小勺往鹦鹉的食碗里挖小米："饿了吧，好吃的饭饭来啦，别急啊，你们都有，不用抢的……"我看到小雨点儿已经完全沉浸在和小鸟的互动中，这才松了一口气。

　　可能有人会觉得我这么做多此一举，对于小孩子，何必那么认真？觉得孩子还小不记事儿，等长大了，懂事儿不骗了就行了。有时我们只是为了达到自己的一个小目的，就哄骗孩子，这会给孩子造成内在的信任缺失，会让孩子埋下没有安全感的种子。孩子的安全感从一开始就与父母有着直接而很深的关联。

在我看来，这和"狼来了"没有什么区别。你觉得孩子还小，就跟你刚开始喊"狼来了"一样，等你养成了习惯，总用"狼来了"的方式对待孩子，孩子不是在成长中突然的某一天就懂事长大的，等孩子已经长大懂事的时候，恐怕你自己已经改不了"狼来了"的习惯了。这其实是缺乏教育意识的表现。

《韩非子》中记载曾子"杀猪教子"的动人故事，一直为世人所传颂。

故事的大概意思是说：一天，曾子的妻子要到街上去买东西。三四岁的小儿子也要跟着去。母亲怕麻烦不让去，为了摆脱儿子没完没了地纠缠，便哄他说等她回来会把家里的猪杀了吃，小儿子一听说要吃炖肉，就开心地不再纠缠母亲，又到一边玩耍去了。曾子看见了这个场景，知道妻子这是在"哄"孩子，但话已说出，就真的把自己家的那头猪杀了。

在这个故事里，曾子给我们做了一个很好的表率。我们需要言行一致，以真诚的态度培养孩子诚实品质。孩子在这个年龄还不大懂事，只会跟着父母的样子去学、去做。当父母说话不算数，答应的事不去做，哄骗孩子，这实际上就等于是在教孩子讲假话、骗人。会混淆了孩子的信任系统，孩子觉得家长的话不可信了，以后要想再教育孩子真诚守信，就很难了。

《易经》中的蒙以养正就是告诉我们启蒙、亨通的道理。万物诞生之初都是很蒙昧的，需要启蒙，养浩然正气应从童蒙始。小孩子不仅在智力方面处于蒙昧状态，在道德方面同样也是处于蒙而无知的状态，是非、善恶、美丑都直接来自于父母的影响。尤其是越小的孩子，父母在他们的心中越有权威的形象，父母的一言一行都会对孩子产生深远的影响。

既然已为人父母，就要知道在孩子的面前要"谨于言，慎于行"。可谓

"差之毫厘，谬以千里"，小时候的教育在方向上有极为细微的偏差，小小疏忽都可能会造成严重的后果。将来就算花更多的努力，可能都无法抹去曾经给孩子造成认知上的偏差，给孩子带来不良的影响。

孩子在成长的初期，你是他最亲近的家人，在这个时候，你混淆了他的信任系统，会让孩子对你产生质疑，孩子都无法相信你，那么他还能相信谁呢？走到社会上，他将如何展开自己的人生呢，这样的孩子他的诚信能有多高？

再者说，你以为孩子还小不懂事儿，要知道一句谚语："三岁看到老。"其实孩子在三岁前许多东西就已经懂得并感知到了，人类大脑发育最旺盛的三个阶段：第一阶段是三到六个月；第二阶段是六个月到三岁；第三个阶段是三到六岁的时候，只是因为孩子的语言还不够发达，并不能完全表达出自己的所有感受，也不能把自己所有的信息表达出来，但不表达并不代表孩子不知道或者没有感受。许多家长都自以为这个阶段的孩子不懂，而在不经意间带给孩子或多或少的伤害。而这些伤害会直接进入孩子的潜意识，而影响到孩子的一生。

不要小看大人一次行为上的欺骗，和为了省事儿简单粗暴地对待孩子。我看到有的家长在面对孩子的哭闹用"谎言"来搪塞孩子。很是心痛。

比如，妈妈要上班了，孩子不愿意和妈妈分开，不让妈妈走，家里人就都会合伙来欺骗孩子："妈妈就是下楼倒个垃圾，马上回来。"然后一家人，连哄带拉的拽着哭闹的孩子，妈妈一边溜出门一边还补充说："就是，妈妈马上就回来啊，乖。"就溜之大吉了。可孩子等了一天都没有等到"马上"回来的妈妈。

有的妈妈选择"不欺骗"，趁孩子不注意的时候偷偷溜走，觉得这样做会比较高明，但这实属自欺欺人的做法。你以为溜走了孩子看不见就不会有伤害，这实在是"掩耳盗铃"的做法。想想孩子刚才还和妈妈在一起，忽然间，妈妈就人间蒸发了，试想孩子这一天到处找妈妈，不知道自己的至亲为什么会忽然消失，孩子该多没有安全感呀。这样的谎言和行为都会成为切断孩子信任的利剑。

虽然在孩子还没有上幼儿园前，在职妈妈们确实会有需要和孩子短暂分离的需求，那么我建议你就正面去面对。即使在出门的时候面对孩子哭，也抱着哭闹的孩子和他讲清楚：妈妈是要去上班，还可以在表的指针上指出你回来的时间，然后告诉孩子，指针指到这个位置的时候，妈妈就会回来陪你。你这么试几次就知道，孩子虽然不能理解其中的原理，但当他知道是无法改变的事实，他会去自我调整。不要回避你离开家这个事实，更不要用你以为的"善意谎言"去欺骗孩子。

三个理由的规则

每个到了适龄要去幼儿园的孩子，估计都是家长们最头疼的一件事，为了送孩子去幼儿园，不知道用了多少的招数，哄骗孩子。作为家长要理解孩子，毕竟孩子第一次要离开家，到一个陌生的地方，而这个地方，没有朝夕相处的妈妈，没有熟悉的环境，孩子的内心是非常抗拒和不接受的。孩子在这个年龄连一、二、三都不一定能数好，字也不识几个，我们却要让孩子们理解我们大人世界的体制、工作系统，让他们理解这样的事实，是不现实的。这时的孩子还不能像成人一样将所有事物的因果关系都联系起来处理问题。我们也不能准确判断有哪些事情，有哪些逻辑是孩子能理解的。我们只能让孩子知道上幼儿园这件事儿，是必须要做的。

羽毛儿、雨点儿要上幼儿园的时候，也一样哭闹不肯。尤其我们家老二雨点儿，她当初上的是香港的幼儿园，不但没有妈妈的陪伴，而且所有小朋友和老师的语言她都听不懂，因为那边讲粤语。每天早上送她去幼儿园的路上，她都哭着恳请我能不能不去。我听了心如刀扎，但我知道这是我们必须面对的。

一天早上，雨点出门前就开始哭，抓着门框不肯走，说她真的听不懂，不想离开家。我看着雨点儿这样，心里特别的难受，蹲下身子，看着她的眼睛和她说："雨点儿，妈妈知道你不想去幼儿园，但妈妈没有办法，确实小朋友都要上幼儿园的，就像妈妈要每天上班一样。而且妈妈一个人要照顾你和姐姐、还有骨折的姥姥，妈妈实在没有其他办法让你在家，并陪着你。妈妈很爱你，妈妈也不想和你分开，看到你这样，妈妈的心里好像有许多刀在扎，好疼。"

说完，自己也忍不住流下了眼泪。然后拉过小雨点儿的手，放在我的心口看着她。我万般没有想到的是，才刚三岁的雨点儿听我说完这段话，立刻穿上衣服外套，用小手擦干眼泪，拉着我的手说："妈妈走吧，我去上幼儿园，我不想让妈妈的心被刀扎。"

现在写到这段，我都还会忍不住流泪，孩子多懂事儿呀。我们需要真的表明自己的实际情况，把事情说清楚，用真诚的心和真诚的态度跟孩子交流，表达出自己的无力和无奈。孩子真的会无条件的支持你。从那天起，雨点儿再没有因为去上幼儿园而哭闹过。

还有一个场景估计也是大家熟悉的。孩子闹着要一个你并不想给他买的玩具时，这时家长常会临时用一句话来打发孩子：等你下次生日再买。你临时的一句打发语，而你根本没有把这句话当真。可孩子却会信以为真，在漫长的期待中失望，你可能还窃喜自己用一句话，就把孩子哄了回来，却不知道你的谎言哄骗，让孩子无法体验到"诚信"的重要，而孩子也在无数的失望后，开启了自己对于信任的防火墙。

我记得雨点儿在三岁多的时候，也会对新奇的玩具感兴趣。一次，她看到一个玩具想要，但我看到家里已经有类似的了，就不想买，但又想尊重孩子。所以我看着雨点儿问："宝贝儿，你几岁啦？"

雨点儿疑惑地望着我说："三岁啦。"

"嗯，"我说，"那宝贝儿已经是大宝贝儿了，如果你真的喜欢这个玩具的话，就给我三个理由吧。"

然后雨点儿很认真地歪着头想："一是我喜欢它，二是它漂亮。嗯……然后……"半天她就是想不出来第三个理由，然后她拉着我的手说："妈咪，我想不出第三个理由，我们走吧。"

"哇！"我被小雨点儿这个举动震惊了，当时想，孩子好守信诺啊！

我当时只是考虑如果她真的能说出几个理由，那说明她是真的喜欢，我可以考虑给她买，毕竟我觉得孩子的快乐更重要。然而当她自己意识到说不出第三个理由的时候，就不再那里纠结了，直接拉着我的手离开了。

雨点儿四岁的时候，又有一次，她看到一个自己喜欢的玩具，问我是否可以买，有了上次的经验，我就笑着问她："宝贝儿几岁啦？"

雨点儿一听就乐啦："哈哈，妈妈又要问我几岁了，然后让我说出四个理由来，我现在就告诉你，我说不出来，咱们走吧。"然后愉快地拉着我的手走了，没有半点的遗憾和纠结。

你看孩子多可爱，和她讲明游戏规则，她真的会很有诚信地执行，绝不耍赖。还能一直记得这个一年前的规则，并一直遵守。

在获得礼物或孩子提出需求上，有的家长会给孩子开条件，比如，你如果这次考一百分了，我就带你去旅游。如果你听妈妈话了，把这个吃了，我就给你买冰淇淋。其实这些行为都是在撕裂你和孩子之间的信任，让信任变得有条件了、被控制了。在过程中家长居高临下，会让孩子感受到渺小和无力。这样的结果会导致孩子对功利性的追求。

在古罗马时期，"信任"这个词是属于制度词汇，是法规制度的一部分，创造了社会关系。所以和孩子建立信任关系也是建立家庭基础的核心要素。只有建立了信任感，才可以有更深地交流，这个基础如果没有打牢，家长与孩子的交流就只能是空中楼阁。

在这里想恳请各位家长，真的不要把孩子只当孩子，随便丢句话来哄骗，和孩子建立良好的信任关系，是家庭关系的核心。有了信任基础，才能让孩子有安全感。孩子走入社会才懂得什么是诚信。现在的社会体系是个信用系统，信用对于我们每个成年人来说都很重要，对于将来的孩子更是。

记得有一次羽毛儿回家和我说，她最近一上某个科目就恐惧，害怕回答问题，一堂课下来，只是担心老师提问，什么内容也听不进去。

听到孩子这样的话，我很能理解，因为她所有成绩里，这科是最弱的，她有心理负担上课，效果确实会很差。

我出于想帮孩子的心，私自给这科老师发了条短信，告诉授课老师孩子上课有恐惧感，能否课上多鼓励下孩子，并暂时不提问她，而且希望老师不要和孩子说，是我给老师打的招呼。我是希望通过老师的协助，让孩子放下恐惧。

第二天一放学进家，羽毛儿就问我："妈咪，是你给我们老师说我上她课有恐惧？"

我听到孩子的问话一下就呆住了，立刻回复说："是妈妈昨天听到你说上这课时的紧张，妈妈想帮忙。妈妈知道那种滋味不好受，希望通过妈妈和老师的交流，能配合你上好课。是不是妈妈的做法伤害了你？如果是的话，妈妈向你道歉。"

羽毛儿说："妈妈，你知道吗？今天老师一上课，就当着全班同学的面问我，上她的课有什么好紧张的？还要回去告诉家长，数落了我好久。"

我听了心里很震惊，我没有想到老师会这么做，我本以为自己通过和老师的交流可以协助到孩子放下恐惧，去放松心情上课。结果却让我万万没想到。我想孩子当时的处境一定尴尬死了，我心里很不是滋味，去抱抱羽毛儿说："对不起，妈妈真没有想到会是这样。"

羽毛儿并没有责怪我，她反而有些安慰我说："妈咪，我相信你是为我好，所以我不怪你，只是今天上课真的让我感觉好难受。"

正因为我和孩子建立了信任的关系，所以孩子坚信我所做的一切都是为了她好，即使让她在课堂上那么尴尬没有面子，让她那么难受，也没有怀疑我的做法。而这个好并不是我每天挂在嘴边强加给她的"为她好"。

在和孩子一起成长的过程中，我们作为家长要给孩子一个安全信任的土壤，我们除了不欺骗孩子，还要学会信任孩子。相信孩子不会有意做出令父母头痛的事情。孩子如果做了什么，令我们不能理解的事情，也要相信他这么做是有原因的，不是无理取闹，不是故意与父母为敌，一定有孩子的道理和理由。

保持开放好奇的心态和孩子交流。在孩子和我们探讨一些社会话题的时候，也要保持开放的心，信任自己的孩子在面对世间事物的看法，是有自己的观点的，即使观点和我们的观点相差很远，也不要质疑孩子的观点，鼓励孩子、信任孩子有自己的想法，不要总觉得孩子就是孩子，身体没有成熟，思想也不成熟。

想和各位家长朋友们说，不要让孩子在充满信任危机的家里生长，不要让自己在孩子眼里成为不值得被信任的家长，不要再用自己以为的小伎俩去哄骗孩子。只有良好的信任关系存在，才能保持愿意聆听彼此的内心。孩子在这样的土壤里成长，才能更坚定自己对自己的信任，才能更自信地面对社会，成为一个有诚信的孩子。

各位家长从现在起，就协助孩子一起建立信任系统吧。

part 3

"铜臭味"其实并不臭
——树立孩子正确的金钱观

妈妈欠我一元钱

一天,羽毛儿神情恍惚地在我身边晃了几次,感觉好像有话要和我讲,但欲言又止的样子,我便问她:"宝贝儿,是有话要和妈妈讲吗?"

羽毛儿被我看穿,一脸的尴尬,窘态跃然脸上,只见她低下头微微点了点头说:"嗯,是的,妈咪,只是我不知道该不该和你说。"

我看着一脸忐忑的羽毛儿,以为发生什么事儿了呢,关切地说:"当然,妈妈是你最好的朋友,有什么事儿都可以和妈妈讲,如果你愿意,妈妈随时都是你最好的听众。"

羽毛儿听到这里,试探地说:"妈咪,是这样的,上次你没有零钱了,然后问我借了十六元,回到家只还了我十五元,少还我一元钱,你说等有了就还给我。我不知道你还记得不?但为了一元钱问你要,我又觉得很过意不去,因为你总是为我们花那么多钱,而我却为这一元钱还问你要,我会不好意思。可你又告诉我们,账目要清晰,让我们自己管好自己的账,少了这一元,我的账就对不上了。所以我就很为难,不知道到底该不该问你要回这一元钱。"说着，羽毛儿再次低下了头，好像特别为难的样子。

听完羽毛儿的话，我才想起来确实有这么一回事儿，而我忘得干干净净。我赶紧和羽毛儿说："呀，真对不起，是妈妈的错，妈妈真的给忘了！这个必须要！当然不能少。你做得非常对。妈妈感谢你的提醒。"说完，赶紧去钱包里取钱，然后把一元钱放到孩子手心说："非常感谢宝贝儿的提醒，差点儿让妈妈犯了一个不守信用的错误，在这方面妈妈可能会疏忽，如果以后妈妈有类似的事情发生，还要麻烦宝贝儿一定要提醒妈妈，好吗？妈妈会很开心并感激你的。"然后我又从包里拿出五元钱，给羽毛儿说："这五元钱做为羽毛儿提醒妈妈的奖励。"

羽毛儿听完，长长的吐了一口气，我感觉她心里的一块大石头终于落了地，她非常愉悦地点点头，脸上绽放出了舒心的笑容。她吐吐小舌头做了个鬼脸快乐地说："妈咪不会觉得我连一元钱都不放过，还问妈咪要，那么小气就好。"

我笑着回答道："当然不会觉得宝贝儿小气，我会觉得羽毛儿是一个有勇气面对问题的孩子，是一个有原则的、很细心的孩子。不要小看这一元钱，虽然数字不大，但对于妈妈欠你的钱没有还这件事而言，性质是一样的。哪怕一毛钱，你都必须要开口要的。这个是原则问题。"

小羽毛儿听我这么说，开心地拿着手中的钱蹦蹦跳跳地回房间，存了起来。

这是羽毛儿上小学时和我的一段对话，我对孩子的金钱观念，是从小学起开始有意培养的。孩子作为家庭的成员，有权利了解真实的家庭财务状况。而且孩子普遍对钱是有好奇心的，毕竟从他们懂事儿起，就能感受到自己喜欢的一切都需要用这种印着"毛爷爷"的东西来交换获得。正确、真实的和孩子交流家庭财务状况，不仅有利于引导孩子树立正确的金钱观，还有助于建立良好的亲子关系。好的金钱观教育，是孩子一生的财富。

第四章　养成优秀品格，陪孩子一起善良

家长们从小就会给孩子们安排各种课程：钢琴、美术、作文、击剑、游泳、外语、情商等，好像唯独没有关于财商的课程。当然财商也不一定非要报什么专门的课程，而且专门报的课程我也并不赞同，毕竟大多数课程都是以商业利益为目的的，对孩子到底有多大的益处，我不敢说。很少有课程是针对孩子的兴趣出发，做到以孩子为本建立的课程体系。我就很少给羽毛儿、雨点儿报课程，给她们的童年留白了许多自己玩儿的时间。

我在这里说要从小培养孩子建立金钱观念，并不是告诉大家把孩子培养成"小财迷"，而是希望通过从小对金钱的接触让孩子对钱有正确的认识，不要盲目地成为金钱的奴隶和赚钱的机器。

家长们好像很忌讳和孩子谈钱，当孩子一问到家长能赚多少钱、钱怎么来的时候，大多数家长都会回避，或者直接抛来一句："这不是小孩儿该操心的事儿，你就好好读书吧，读好了书，长大才能赚更多的钱，否则就等着扫大街吧！"这样的回复直接切断了孩子对于金钱意识的探索。

我在开艺术中心的时候，记得有一位妈妈带了一个小男孩儿来报名钢琴课程。这位妈妈从自己的名牌包里掏出一沓子钱，然后当着男孩儿的面说："来，你看着啊！这是妈妈给你掏的学费，是妈妈辛苦赚的血汗钱！"说完后就当着孩子的面一张一张的很用力地数着并把钱夸张地放到前台的桌上，那情景让我想起了孔乙己摆铜钱买酒的画面。我心疼地看着这个小男孩儿，此时他低着头什么话都不说。我想在这个男孩儿的心里，对钱的概念和印象一定不好，因为钱在此刻给了他罪恶感和压力。

那时，还有一些妈妈和我讲，孩子小不懂事儿，就不能让他们了解家长有多少钱，不然孩子就不会珍惜。他们总是欺骗孩子自己只有很微薄的收入，只够全部用来花在孩子身上的，从而给孩子施压。可孩子明明看到家长花了好多钱去买名牌包、买奢侈品，每一样好像都比自己的学费高，和家长

口中所说的内容不符，但也不敢乱问，一问就说："小孩儿懂什么！好好学你的习！"这样的欺骗造成了金钱在孩子印象中的扭曲。

记得一位家长曾经咨询我：什么时候可以开始培养孩子的财商，让孩子对钱有概念，说自己的孩子已经五年级了，好像对钱一点儿概念都没有。为了给我表达得更清楚一点儿，她还列举了几个孩子对于金钱"傻"的小故事，但我从她的话语中明显听到她略微的得意。问我这个问题的妈妈，虽然已经差不多四十多岁了，我相信她对金钱也一样没有概念。而且从她的话语中，我听到的潜台词是"我不爱钱，我以此为荣"。

我认识一些艺术家和高学历的朋友们，普遍会有个潜意识是觉得自己高学历，就不应该有"铜臭味"，觉得艺术就不应该和金钱挂钩。如果家长潜意识就和金钱的关系不好，那么孩子也一样会潜移默化地被影响。家长的一言一行都在影响着孩子，孩子是你最好的复印机，你的许多潜意识或无意识的行为，都会被孩子学去，成为孩子的潜意识。我想这位妈妈应该也是从小被剥夺了金钱的意识，才会对金钱有着模糊的概念。

作为家长，首先应该对金钱有着正确的价值观，应该看到金钱本身并没有实际意义，是人类创造出推动社会发展进步的产物而已，对待金钱我们有了正确的态度才可以引导孩子对金钱有正确的观念。

在家里不要避讳和孩子们谈钱，应该让孩子们了解到社会上有哪些途径可以获得赚钱的方式，这样等孩子大了，走入社会，就知道除了通过自己本身可以创造财富外，还可以通过理财的方式建立自己的被动收入。充分认识到复利对财富成长的重要性和显著性，对孩子今后在自己的财富路上是一种莫大的帮助。

这样孩子到了社会上，就等于至少有了两份工作的可能性，也就是我们常说的"哑铃式"的收入。可以让孩子在面临巨大社会压力的情况下，还能

第四章 养成优秀品格，陪孩子一起善良

游刃有余地追求自己的热爱。不然孩子一入社会就陷入巨大的压力下，再想去建立金钱观，可能已无暇顾及了。只会被儿时自己形成的错乱的金钱观所干扰，陷入到一大堆的工作中无法喘息，用自己的时间和生命来换金钱，颠倒了金钱和工作原本的关系，无法让钱为我们服务，反而让自己成了金钱的奴隶，钱也失去了本应有的特性。

正确的金钱观是为了让孩子学会积累财富，洞察商业机会，而不是说等先拥有了一大笔钱才开始去理财。俗话说："你不理财，财不理你。"就是这样，要有计划地去赚钱、花钱，有计划地去让钱慢慢变成为我们服务的工具。

让孩子知道，这个世界上并没有什么理所应当的东西，一切都需要通过劳动来换。我们用劳动换得的金钱，还要能守得住钱，能让其升值保值。钱是赚出来的，不是省出来的。钱如果不花，一定不属于你，你只是暂时的保管者，你要成为金钱流动的管道，让钱在你这里顺利流过，才能产生价值，发挥钱应有的作用。

巴菲特传奇式的成功有目共睹，他不仅仅成为了全世界第二富有的人，而且是全世界捐款最多的人。他的人生相当精彩，令人羡慕。巴菲特六岁获得了人生第一个钱包，从那个时候起，他就开始有了金钱的意识。他的第一次"创业"就从二十五美分开始的，他用这笔钱批发了六罐可口可乐，然后以每罐五美分出售，获得了20%的投资回报率。十岁时，父亲带他去了纽交所，带他认识了股票。十一岁的巴菲特以一百二十美元进入股市。但入市并不顺利，股市突然大跌，损失30%，当股票回升至四十美元时，巴菲特赶紧卖掉了股票，赚了五美元。但后来他买的那只股票飙升至二百零二美元，这让巴菲特学会了投资的第一课是，耐心。

我想巴菲特之所以有今天的成就，和他从六岁起就对金钱有概念、十一

岁就开始入股市是分不开的。

尽早让孩子有金钱的概念，能让孩子的生活更有品质、更幸福，对自己热爱的人生更有追求，更能去寻求自我成长和突破。否则就成了"前半生用命换钱，后半生用钱换命"的真实写照了。

鲁迅先生是我很钦佩的人，他曾经说过：人，一要生存，二要温饱，三要发展。他对此的解释是：之所谓生存，并不是苟活；所谓温饱，并不是奢侈；所谓发展，也不是放纵。我很赞同他对物质生活的态度。

两姐妹的"小金库"

在羽毛儿刚上小学的时候，我把我出国旅游的一些外币零钱有意存了下来，拿回来给孩子认，让她们知道每个国家有不同的货币，到了不同的国家，要用不同的货币，每种货币之间是有汇率的。

记得当初我把这些剩余的美金、新加坡币等零钱给了羽毛儿，然后和她讲了当时的汇率情况，并教她如何上网查询这些内容，如何计算外币和人民币的等值交换。

一天，我刚回到家，羽毛儿就兴奋地问我："妈咪，我能把我手里的美金和你换成人民币吗？"我愣了一下，还没反应过来时，羽毛儿兴奋地说："我今天查了汇率，我算了下，今天把美金和你换成人民币，我能赚一元钱呢！"

我一听就乐了！孩子还真是聪明，不但一学就会，还能"学以致用"。我愉快地说："当然可以，我们数钱去吧。"羽毛儿快乐地取了自己的美金，和我换了等值的人民币走了。

又过了一段时间，羽毛儿又找我说："妈咪！我今天要把美元换回来。今天的汇率又变啦，哈哈。我又有一元赚啦！"

我听了眼泪都快乐出来了，孩子真是可爱，竟然还一直关注着外汇的动态，靠着和妈妈这么"倒卖"外汇赚钱。我又赶紧从钱包里数出了等值的美金给回羽毛儿，换回了当初少一元的人民币。

一次受邀到朋友家吃饭，我带上了两个孩子。朋友看有孩子，就拿出自己心爱的榨汁机给孩子们榨果汁喝，一边榨汁，一边说这个榨汁机有多好，当初花了四千两百元港币，在香港买的。羽毛儿听到这里，就接着朋友的话说："那差不多是三千六百元人民币呢，确实不便宜。"朋友听了孩子的话惊呆了，说这孩子这么小怎么知道汇率呢？而且这么快就能算出来大概值多少人民币，太厉害了！然后还问了羽毛儿美金、新加坡币等的一些汇率，孩子都一一回答了出来。

除了和妈妈倒腾"外汇"赚点儿小钱外，孩子们有一块重要的"经济来源"就是过年的压岁钱。

两个宝贝儿的压岁钱，每年都会放到我这里收利息，我是她们的"银行"。我这个"银行"给的条件是：放满一年为10%的利息，放半年到一年之间8%的利息，半年以下6%的利息。她们每年会把自己的压岁钱先整理好，自己算出总数，然后考虑有多少放到我这里生利息，多少留给自己零花。她们这些决定我都不参与，由她们自己做主。我只负责记录我在哪天收到两姐妹多少本金，然后到了来年的这一天，支付她们相应的利息。如果她们的利息不取完，还可以放到我这里变成本金，进行"利滚利"，产生复利。

每到过年两姐妹都特兴奋，因为她们会收获双重收入：新的"本金"（也就是压岁钱）和新的利息进账。这让孩子们兴奋不已，觉得自己又变

"富有"了。

羽毛儿和雨点儿都有自己的小账本，用来记录她们自己所有的"财务"状况。在这个小本子上，她们清晰地记录着和我的每笔"交易"。

她们平时需要花的钱，也是根据自己的需求留一部分现金做为自己一年的零花钱，也可以分阶段在我这里取走相应的利息来满足自己的需求。至于本金，两个孩子从来没有动过。

有一次，我这个"银行"想尝试开放"贷款"业务。就和两个孩子讲了什么是"贷款"，然后告诉她们可以支付5%的手续费从我这里"贷款"。羽毛儿听了立刻接话说："那妈咪，这样我不是可以从你这里5%的手续费拿一笔钱，然后再放到你这里收你10%的利息，这样我就可以赚5%的差价啦！"我听了，立刻放弃了这个想法，没有想到孩子的脑子转得这么快。立刻就明白可以覆盖了手续费有差额部分的利润。

在家里我所有的开支对孩子都是开放透明的，我有多少贷款，每个月有多少正向现金流，我需要每个月还多少贷款利息，房贷的利息和车贷的利息分别是多少，家里的每个月盈余大概有多少，我是如何分配的、我是如何使用信用卡的、如何看信用卡的账单日、大额支出时，什么时间刷信用卡最能享受卡的优惠等，这些我都和孩子交流。

关于车贷羽毛儿一直不理解，追问我明明够一次性支付，为什么要支付利息去贷款，这样不就等于买车买贵了吗？对此我也和孩子说了我的观点：我告诉她，货币每年都会有通货膨胀，就好比去年我们买一个汉堡包只需要花十元，那么今年所有的物价都涨了，汉堡包变成了十二元了，那么买同样一个汉堡包，今年和去年就差了两元，这两元就是通货膨胀的产物。对于我们来说今年要多花两元才能买到和去年一样的东西。从某种意义上来说，就代表如果我们放现金到第二年，现金就被动贬值了。所以我们要学会一定程度上先花"未来"的钱。但花"未来"的钱是要根据自己对自己现金流的掌握程度来适当使用。

贷款其实就是在花"未来"的钱，如果在利息不高于通货膨胀率的情况下，贷款实际上等于在用未来的钱创造现在的现金流，或者说可以跑赢通货膨胀率，那么就等于在赚钱了。

车贷的利息算是贷款类里相对低的。我们先用银行的钱买回车来，然后支付4%左右的利息给到银行来进行贷款，如果通货膨胀率达到了6%，那么我们即可以提前用未来的钱，还可以多赚2%的利息，如果通货膨胀率也是4%，那么我们就等于免费使用了这笔"未来"的钱。

贷款还有一个好处，就是通过贷款可以让我们和银行交朋友。我们向银行贷款，银行系统就认识我们了，我们每个月准时还款，在银行的眼里，我们就是有信用的人。如果我们不贷款，即使我们有钱，银行也不能确认我们是有信用的人。因为我们在银行系统中没有任何记录。我们所有的记录只是发生在外面商场里的交易。

我们用贷款的方式和银行交了朋友，银行认识了我们是有信用的人，如果以后真的有需要贷款时，这个信用就会发挥作用了。

我还告诉羽毛儿使用信用卡是和银行交朋友最便捷、最省钱的方式。信用卡一般会有二十到五十天的免息额度，用好信用卡，可以让我们在免息的情况下花"未来"钱，还能和银行建立长期的朋友关系。如果掌握好还款日和账单日，就可以最大限度的享受免息的"未来"钱。

羽毛儿听得特别兴奋，她说，没有想到花钱还有这么多学问。从那以后，只要我花钱的数额大些的话，羽毛儿都会提醒我在信用卡账单日的后一天刷卡，这样可以多一个月的免息时间。

为了让孩子对金钱的游戏更有体验感，我还特意买了《大富翁》的游戏，在家里陪孩子们一起玩儿。在游戏中，我们通过每个人刚开始同等资金的启动，然后经历买房、建房、租地、收租金、抵押房屋、支付利息、半价销售断供房产等，让孩子们真实体验了赚钱、花钱、如何按比例投资等商业内容。

在游戏过程中，当我路过她们的土地需要交租，而此时的我基本上已濒临破产时，两个孩子会心软，她们说不用我交租，给我免了。我坚决不同意，拿出自己的一块土地来质押交租，然后告诉她们商业游戏就要按游戏规则来，不可以因为我是妈妈，我的资金没有了，就同情我。

如果我的资金链断了，只能说明我在刚才的决策中有失误，我自己需要对刚才的行为负责，并要复盘找出自己失误的原因，在后面重新做资金调整。

虽然是游戏，但我们要认真对待，要遵守游戏规则，不要夹杂个人情感而妥协让步，让自己真实体验这个游戏带给我们的乐趣。和孩子们建立好这个规矩后，孩子们果然不再妥协，严格按照游戏规则来执行游戏。

在游戏中两个孩子的风格截然不同，姐姐羽毛儿属于冒险型，看到土地就买，不够钱就贷款抵押，还会根据行走者路过的先后顺序，不断调整自己抵押土地的位置，感觉特别忙活。妹妹雨点儿很稳，只是把手中的钱用来买土地建房子，没有钱了也不抵押任何物业，只等着有利息和租金了，再置业，没有就不做任何动作。我会抵押一部分，但不会抵押很多，让自己有些杠杆，压力没有那么大。

第一局下来，最折腾的羽毛儿先宣告破产。对羽毛儿沉重的打击是她付出最多却最先出局。她自己的总结是太忙于"算计"，把所有的注意力放在穿梭于抵押贷款、支付银行利息中，想充分利用资金反被资金搞垮，过程中没有空去思考如何最大效益化进行土地的配置，虽然买了许多的土地，因为没有建房，使得租金收入其实很低，最终得不偿失。

我很欣慰这局下来，羽毛儿能通过自己的失败进行复盘，总结出上盘破产的原因。

我告诉羽毛儿，股神巴菲特当初给投资者的两点建议中其中一点就是慎用杠杆。她在一局游戏中就总结出来了，算是很有收获了。紧接着我们就开始第二局。

第二局，羽毛儿调整了自己的战术，不再做那么多抵押贷款的动作了。在这次的游戏中调整了自己贷款的比例，也不是遇到土地就买，会有选择性的买高价值的土地和颜色相同地段的土地（颜色相同的土地如果全部买下租金会成倍翻翻），并找机会在高价值的土地上不断建房。

这局她明显吸取了上局的教训稳多了，有了思考和选择，少了盲动。妹妹雨点儿依然求稳的方式最后被姐姐羽毛儿吞并。雨点儿这次也发表了自己的"获奖感言"：由于害怕贷款有可能会让自己蒙受损失，所以不想把自己买到的东西拿出去，由于舍不得失去，而最终导致全部失去。过程中只是随缘地遇到了就买，快没有钱了，就放弃所有的机会，包括有些土地是很难遇到的高价值、高增长土地。这让她明白只用手中的现金流，是远远不能撬动整个资金盘的。经过总结雨点儿在后面的游戏中，也开始有了贷款的动作，很谨慎，比例非常小。

几局游戏下来，孩子们总结出：贷款的杠杆如果超过70%以上，风险就会很大，资金链很容易断，只能靠运气支撑；在50%左右的杠杆会比较吃力，有时会顾此失彼，很难全面照顾到；如果杠杆在30%左右就会相对比较安全和轻松；如果完全不用的话，就很容易被吞并。通过这个游戏孩子们对杠杆和资金链之间的关系有了初步的认知。

游戏结束后，羽毛儿问我："妈咪，你知道如果我有一个亿会怎么花？"

我笑笑说:"妈妈洗耳恭听。"

羽毛儿说:"我会用40%来买房子,20%~30%用来买基金股票,10%放在银行存着不动,还有10%放在活期给自己零花,用来支付我们全家去旅游、去学习的费用,5%买收藏品,5%用来收养各地流浪的小猫小狗做公益。"

我听完感觉这个比例还挺有结构的,也算想得挺全面,连收养小猫小狗都想到了。说明孩子对于花钱这件事情开始有了自己的思考,至少她能想到如果她有一个亿自己要如何分配。

虽然我公开透明地告诉她们家里的经济状况,她们对于金钱上也有自己独立处置的权利,但并没有因此而随意花钱。

在购买自己所需的物品上,她们两姐妹会根据自己的需要去选择。比如要买什么样的衣服、裤子,以及品牌都是她们提出,我只是当司机陪伴。再或者她们会直接在网上购买自己需要的东西,并没有因为自己掌握花钱的权力而去选择贵的和流行的东西,基本上是够用就行,有时我问她们为什么不多买些,她们告诉我说万一买多了有自己用不着的会心疼。

我们每个人都要进入社会,最终都要进入金钱的游戏中,通过我和羽毛儿、雨点儿这些年来日积月累的金钱交流,我会更放心她们将来走入社会对金钱有着比较客观的态度和认识。我相信她们在各种名利的诱惑下能看清金钱的本质,能够不因追逐金钱而迷失自己,懂得让金钱为自己服务,而不是成为金钱的奴隶。能够平衡金钱、时间、空间的关系来满足自己的生活。

给孩子种下探索金钱的种子,她们会给这颗种子浇水、施肥,让它在自己的土壤中生根、发芽,并茁壮成长,最终收获属于自己的财富。

高效陪伴
——如何建立孩子的安全感？

有时我们只是为了达到自己的一个小目的，就哄骗孩子，这会给孩子造成内在的信任缺失，会让孩子埋下没有安全感的种子。如果孩子心中对父母的安全感在孩童时期没有建立起来，孩子长大后就会不断从自己以外的对象寻求保证和安全感，渴望被人注意，并有控制别人的倾向，或者会通过购物、吃、收集等转移对象来让自己暂时性获得安全感。

还有一部分孩子会因此产生被抛弃的感觉，在婴幼儿的逻辑中，为了避免被抛弃会产生讨好型人格，他们会认为如果讨好了父母，父母就愿意留在他们身边继续保护自己。这个模式久而久之会成为孩子的潜意识，伴随孩子的一生。

所以，孩童时期的安全感从一开始就与父母提供的照顾有直接的关联。父母在孩子身边的陪伴会减轻孩子独自面对的恐惧。在婴幼儿时期，孩子通过家长抚摸和眼神的交流来感受关爱，从而获得安全感的满足。

第五章

活用企管思维，
陪孩子做好自己

对孩子的教育，家长要"以身作则"。我在既创业又培养孩子，还保持个人成长中，不断地摸索和平衡，用企业管理思维自创了属于自己的"个性"教育理念。

part 1
构建新的家庭管理系统
——家庭关系变得和谐有趣味

难吃就朝"北"吃

记得有一次带孩子们去吃牛扒,羽毛儿吃了一口就说:"妈咪,这个好难吃。"我看了看她盘子里的牛扒,然后把盘子转了180度,说:"难吃,那我们就朝'北'吃吧。"羽毛儿听完楞住了,后来恍然大悟,哈哈大笑起来,说妈妈好搞笑,然后就快乐地把盘子里的牛扒吃完了。一句朝"北"吃,不用和孩子讲太多的大道理,就化解了难吃的这件事。

其实让语言变得有趣起来,让生活多些乐趣,教会孩子换个角度去看待事情,她就会用快乐的心情去感知拥抱这个世界。

许多人说看我带孩子很享受,确实如此。我享受把和孩子在一起的日子都变成游戏。在游戏中孩子收获她们的快乐,我也收获陪伴孩子的成长。让她们在过程中知道,生活给了我们许多困难和磨练,但只要保持一颗快乐的心,我们都可以从这些困难中找到属于我们自己的乐趣。

我最困难的日子大概要属我离婚那年,祸不单行,在那年我的妈妈也骨折了。股骨颈断裂,很严重,卧床不起,医生说至少要卧床三个月不能起来，给的诊断是可能以后会瘫痪。那年羽毛儿六岁，刚上小学一年级，还在适应上学和幼儿园的衔接，雨点儿两岁，还什么都需要大人照顾的年纪。我一个人要面对照顾三个完全没有行为能力的人，还要面对出去赚钱养家。包括家里买菜、做饭、打扫卫生等都要我一个人来做，还要面临离婚官司的纠纷。那个时候感觉自己像个机器，每天都是争分夺秒的运转，一秒都不能停下来。而生活从来不会因为这一切要你一个人来扛，而手下留情。我只能独自面对突如其来的一切变故。

我喜欢《西游记》里的一段，就是孙悟空被丢进炼丹炉里，原本是要把它火化，可没有想到竟然让它在炼丹炉里找到了一块宝地，不但没有被火化还练就了火眼金睛。那时我就把自己当成丢进炼丹炉的孙悟空。

那个时候，我每次去超市买菜，就带上两个孩子一起，为了增加买菜的乐趣，我提前会带着一些任务和孩子出发。

羽毛儿、雨点儿一听说要去超市了，就开始忙活了：老二雨点儿会打开冰箱检查一下，看家里还剩什么菜，老大羽毛儿会拿出纸笔来问我要买什么，就这样，我们会整理出一张购物清单。然后由刚刚会写字的羽毛儿执笔在纸片上留下歪歪扭扭带着拼音的清单，我还会给她们一定的资金购买自己喜欢的东西，条件是每次只选一样带回来。做好这些，我们就带着任务去超市了。我发现当你给了孩子们任务时，她们会很有责任感。

到了超市，我把她们姐妹俩放进买菜的大推车里，然后一边推着她们，一边和她们讲路过的物品陈列规律，并指着柜子上陈列的大标识念给她们听，摆设的区域有：蔬菜类、冷冻类、调味类，并告诉她们超市是如何进行分区管理的，这样方便我们用最快速的方式找到自己需要的物品，也方便工作人员及时补货和管理。

通过这些分区，我告诉孩子她们的衣物用品和学习用具的管理可以按照超市的分区管理进行。比如，可以分成冬装、夏装、校服、上衣、裤子、内衣等，然后贴好标识，这样就很容易找到衣物用品了，其他杂类的学习书籍和工具也可以效仿这样的方式进行管理，贴好标签，便于寻找。

在选择商品时，我告诉她们我是如何从众多类似的产品中选择出自己想要的那个商品。我会告诉她们我会先看产品的保质期，然后看成分、看品牌、看价格……在看价格的时候，我会告诉她们如何看促销品和正价品。别看这个时候的两个宝贝儿，一个才两岁多，一个刚六岁多，两个姐妹都听得很认真，几次下来，我们就可以分头去选择购物清单的东西了。她们会把买菜这件事当成游戏，参与度很高。有了两个小家伙的参与，使得买菜这个原本枯燥无趣的事情变得有了乐趣。

一次，我在超市拿了条酸奶直接放到了购物车里，老二雨点儿看到后拿起那条酸奶看了看，说快过期了，又给放回去了。那态度很熟练、老道的样子，特别可爱。我才注意到，是我急于买东西而忘了这个细节，她竟然知道帮我审核。

我在选购商品无暇照顾两个宝贝儿的时候，发现两个孩子会自发地玩儿。羽毛儿会教雨点儿认字，而且模仿着我的样子，一边推着购物车（雨点儿坐在购物车里），一边指着琳琅满目的商品，读给小雨点儿听，还时不时对着雨点儿说："小乖乖，记住姐姐和你说的了没有？""再给姐姐重复一遍。"雨点儿相当认真地听羽毛儿的话，每次羽毛儿问完，小雨点儿都重复一遍给姐姐听。有不认识的也不断用小手指着问姐姐，两个孩子在没有我的陪伴下一样互动得很好，亲密关系也拉近了。

每次购物我都会让她们选择一样喜欢的东西带回去，羽毛儿总是让雨点儿先选，然后她买雨点儿喜欢的东西。我问她为什么不买自己喜欢的东西，她说因为看到妹妹开心，她会更开心，这个开心是双重的，也很划算，买一样东西，收获两份开心，因为她和妹妹的心是连在一起的。

买完菜回家，我就请羽毛儿、雨点儿帮我摘菜、分类，自己列第二天几个人的做饭清单，毕竟这老小都需要营养，每天要换着样的给她们改善生活。

有朋友好奇为什么我在这么困难的状态下不请保姆或者钟点工。对于这个事情我不是没想过，但对于带孩子来说，我始终认为都是要自己来，毕竟孩子是有样学样的，如果保姆带，可能就会潜移默化地学习了保姆身上的一些特性，而且保姆是为了一份工作带孩子的，和妈妈带着爱带孩子还是有区别的，我希望我的言传身教能给孩子榜样作用。所以孩子从出生到现在，都没有请过一个保姆，也是出于这个原因。

再一个就是请钟点工，不是没有请过，刚开始请都被姥姥以各种理由给辞退了，所以只好自己来。在姥姥赶走那些钟点工上，可能许多人不理解，但我能理解老人家的心情。她们这一代人，特别需要有价值感，她躺在床上什么也做不了，还要被照顾，而且当做饭这件事情要被钟点工所取代，她会感觉自己的价值被剥夺，在她眼里，那是她所不想也不愿意看到的。如果家里多了一个钟点工的话，仿佛天天有人在提醒她，她现在是个不被需要的人了。所以在这点上，我就让自己再多承担一些，也不想老人家内心不舒服，毕竟她的现状也不是她自己想要的和能决定的。

对于老人，我们应该给与更多的关爱和理解。有时姥姥叹气说自己为什么这么倒霉，会在这个时候摔伤，我就会笑着回答她，是老天爷心疼她，想通过这个方式让她好好休息休息，千万别辜负了老天爷的好意，安心静养就好了。

姥姥有一次提出要吃馒头，我说去超市给她买，她赌气说要吃家里蒸的馒头，说超市的馒头不好吃。我知道这是老人家心里不舒服，和自己斗气。

我就说好的，我去买面。买好面粉和发酵粉，我先把面粉和好。

和面的时候，把面分两半，一半加蛋奶的，一半加蔬菜汁的，这样就分成了两种口味、两个颜色。

孩子们看到馒头还可以有不一样的颜色，都来了兴致。我把不同口味的面粉分好之后，就叫两个宝贝儿一起做馒头。我们用蛋奶的那部分甜味的做成枣馍和玫瑰花的形状，然后还用一些绿豆、红豆、莲子等豆子装饰，用一把小剪刀，剪出兔子耳朵、小刺猬等形状，用这些豆子做眼睛，很快，一只只可爱的小动物们，就排在了案板上。

孩子们很快乐地和我一起做馒头，把一个很枯燥的做饭变成了好玩的手工活动。当各种小动物、枣馍和花瓣热腾腾的出锅时，孩子们抢着吃自己做的小动物。就这样，在这段他人看似苦难的日子里，我和孩子们在做饭中寻找到快乐，并教会了她们擀皮儿、包饺子、包包子等。并没有因为生活给了我们困难，我们就减少了欢乐。而且，两个孩子因为从那个时候就开始学习做饭，现在已经可以在不需要我的协助下，独自做披萨、双皮奶、蛋糕、炒饭、炒菜、可乐鸡翅等，研发自己喜欢的食物了，在造型创意上也有了更多扩展。

教会孩子面对困难乐观的态度，发现美的眼睛，去寻找解决困难的路径，会让孩子更豁达地面对自己的人生。

小羽毛儿、小雨点儿常挂在嘴边的话是"办法总比困难多"，我看到两个孩子遇到任何问题，都会自己想办法，而不是去抱怨推诿，也会主动承担一些自己能做到的事情。

记得雨点儿六岁生日的那年，我们全家去庐山旅游，下三叠泉的那一路许多人都望而生畏，姥姥还背上了她的"大炮筒"相机。我担心姥姥累，就自己背上，来减轻老人家的负担。两个孩子看到了，也要帮我背，心疼我累。我让两个孩子试试重量，没有想到两个孩子虽然有些吃力地背起，嘴上却说还好不沉，就不肯把包还给我了。尤其小雨点儿背到背后，看起来像是一个大龟壳挂在了身后。之后的路，就是两个宝贝儿换着背，再没有把包还给我。

姐姐羽毛儿主动承担了大部分背包的时间，也不肯给妹妹背，说妹妹还那么小，会把小脊椎背坏的。雨点儿想帮忙，看姐姐不肯给她背，就缠着要和姐姐猜拳来决定。两姐妹一说到有游戏玩儿，就又开心了，一路就用猜拳来决定谁背。在游戏的过程中她们还发明了什么公主、土豆的游戏来换着玩儿，讲清楚游戏规则，累了就坐下来玩游戏，过程中姐姐总故意输给妹妹。轮到雨点儿背的时候，她会不断给自己鼓劲，嘴里念叨着"坚持就是胜利""办法总比困难多""一定要走到终点"……羽毛儿心疼妹妹，偶尔让妹妹停下来，就去托起妹妹背后的包来帮妹妹放松。后来羽毛儿还找到个像拐棍儿一样的树枝，累了，就用树枝支撑住包来协助减轻重量，我看着两个"小龟壳"的背影，心里有说不出的滋味。

还有一次，我托朋友给我定制一个特殊形状的水晶挂件，孩子们看到特别喜欢，趁我不在家的时候，小雨点儿拿来看，结果不小心给摔碎了。

小雨点儿觉得自己犯错了，不知所措，姐姐看到了安慰妹妹别急，说姐姐会想办法的。结果羽毛儿就买了一只白乳胶把破碎的水晶残片一片片给粘了起来。当我回到家，看到水晶挂件里竟然"长"出了石纹，就明白了这个水晶遭遇了什么。内心虽然心疼，但也接受这件事情的发生，同时也感到孩子们的举动很可爱，竟然能把水晶粘得这么好。

为了不让两个宝贝儿有心理负担，我拿起了那个水晶挂件夸张的在两个宝贝儿面前晃了晃说："呀！快看妈咪这水晶挂件，在我们家才待了一天，竟然长出这么多美丽的'石纹'，真是太神奇啦！"

两个宝贝儿一下就明白她们的"行迹"败露了，两个孩子相视一笑，羽毛儿主动承认是她粘的，小雨点儿也不好意思地说是她不小心弄坏的，姐姐帮的忙。

我看着姐妹俩这么配合协作，没有责怪她们，而是说："宝贝儿，知道吗？这个水晶挂件经过你们两个小手，现在可真正成为艺术品啦，谢谢宝贝儿给它创造了这么美的'石纹'，妈咪依然可以作为挂件，一点儿不影响使用。知道维纳斯为什么那么出名吗？因为维纳斯没有手臂呀，有时候残缺的美更能带给人不同的深意，比如现在这个水晶挂件就变成一个'有故事'的挂件了。"两个宝贝儿看到她们虽然犯了"错误"却得到了"嘉奖"，心里啥负担也没有了，反而欣赏起自己的粘贴手艺了得。

我常和孩子们说，做个自带光源的人，这个世界也许有许多的黑暗面，那都是没有被光照到的地方。我们不要去做月亮借助光线的照耀才能发亮。我们要做太阳，让自己发光的同时能照亮他人，驱赶黑暗。

当"乔·哈里视窗"照进我家

每次回到家，最怕见到的场面就是姥姥又催羽毛儿、雨点儿吃饭的场景。常常是两个孩子放学回到家，扒拉两口餐桌上姥姥做的饭，眉头一皱，就说不吃了，撅着小嘴就进书房了。这时，姥姥看到自己辛辛苦苦做的饭，无人欣赏，气就不打一处来，一边叹气一边无休止地抱怨。

抱怨的大体内容是：现在的孩子太不懂得珍惜了，不珍惜别人的劳动成果，不珍惜粮食，然后就说到自己那个年代有餐饭都很感激了，现在生活条件这么好，孩子们还不满足，总是那么挑三拣四。而作为辛苦做饭的姥姥来说，每天都要因为做饭这件事，还要吃剩饭！一边说，一边收拾餐桌上的剩饭。锅碗瓢盆在这时总会响起"气壮山河"的交响乐，显然是这些为我们刚刚服务过的器皿又成了姥姥的出气筒……好像孩子不吃她做的饭，就成了一个品德低下、没有教养、不懂感恩的孩子了，每次听到这样的抱怨和刺耳的碰撞声，我都想快速逃离现场。

我想这样的场面在三代同住之家应该是很普遍的现象。老一代和新生代总是有着许多不一样的立场和矛盾。就拿用餐这事儿来说，老人家到了养生的阶段口味清淡，吃得很素，餐餐基本都是原味，只有很淡的咸味，因为老人这个时候主要是以保健为主，吃多了身体负担重，新陈代谢慢，也确实身体状况应付不过来，这是可以理解的。而孩子长身体阶段，体能消耗大，新陈代谢又快，这个年纪的孩子对于饮食的丰富和营养程度来说，是需要更高的。孩子对于饮食上的味觉更是渴望多元化，又喜欢独特的味道和尝新的体验。所以这两方就形成了很明显的对立。

每次老一代遇到这样的情况都说是为了下一代的身体好，总是说孩子的选择是最不健康的饮食习惯，天天吃的都是垃圾食品，如果现在不注意，到老了就该后悔了，各种身体疾病就开始冒出来了。现在身体的各种病症，都是因为年轻的时候没有注意导致的云云，然而孩子最听不进去的就是这样的说教。

作为我们这样上有老、下有小的夹心层来说，此时就会左右为难。因为我们知道，作为老一辈，从她们的角度来说，说的是没有错，属于她们的经验谈。可从孩子的角度，我也能理解，毕竟我们知道孩子们有自己的需求，如果现在就吃得和老人一样的口味，人生未免少了太多美食的乐趣。可道理归道理，在家这样的环境里，讲道理是最行不通的。

双方都不听对方的,只能各自生气,孩子也不好好吃饭,老人做饭也一肚子的气。看到这样的情况,有时我也会在旁边帮下嘴,后来发现不管帮谁,都会让矛盾升级,只好闭嘴。这样的戏码在家里一次次的重复上演,很是头疼,我不能眼睁睁看着自己的孩子和自己的妈妈总是发生这样的矛盾呀,毕竟都是自己的至亲,手心手背都是肉,自己也不能每次遇到这样的事情就做逃兵。吃饭这样的事情是天天都有的,不理不睬的结果是会让矛盾随时激化升级,我不能看着这样的家庭矛盾继续迭代下去,必须想办法解决。

　　一天,我读书读到了"乔·哈里视窗"这个工具。"乔·哈里视窗"是根据"自己知道——自己不知"和"他人知道——他人不知"这两个维度,依据人际传播双方对传播内容的熟悉程度,将人际沟通信息划分为四个区:开放区、盲目区、隐秘区(又称隐藏区)和未知区(也称封闭区)。我看到这个工具心生欢喜,这不就是我想要的嘛!我可以利用这个工具来划分象限解决姥姥和两个孩子吃饭的矛盾呀!毕竟吃饭的这个矛盾,主要是因为孩子和姥姥之间沟通有盲区造成的。她们都有自己知道和不知道的区域,有这两个维度不清晰的认知。想到这里,我就立刻宣布晚上开家庭会议。

　　吃完晚饭,我拿出家里的白板,开始召集大家开会。看大家都坐好后,我作为会议主持人开始发言。首先我还是比较正式地说明了我召开这次会议的目的、意义和想要达成的结果,并说明了我召开这个家庭会议的意图是希望看到我们这个家中的所有成员能和睦相处。在家这样的环境中,一定会因为各种问题有矛盾、发生冲突和对抗。但有矛盾有冲突并不可怕,可怕的是不解决矛盾,大家都冷处理,分别在心里抱怨,这样会让事情更恶化和升级,我不希望因为不解决的矛盾成为家庭和睦相处的阻碍,变成我们一家人不快乐的顽疾。所以我觉得有必要把我最近看到姥姥和羽毛儿、雨点儿因为吃饭这件事而造成的不悦拿到桌面上来,一起面对解决。因为每次看到这样的事情发生，我作为姥姥的女儿和羽毛儿、雨点儿的妈妈来说，都很难受，为了也不让我自己难受，所以今天我请来了一个小工具来协助我们大家解决这个问题，希望双方能够敞开心扉，配合化解矛盾，我只负责记录。

我表达完后，感觉到姥姥和孩子都有些不自在。姥姥首先脸就沉了下来，带着气说："挺好，是要说说。我一天到晚做饭辛辛苦苦为谁？还不是为你们吗？你们就这么报答我。我做好了，叫几遍没人吃，做多了没有人吃，我只好吃剩饭，我就是一个普通老太太，又不是专业厨师，哪能跟餐厅一样还变着花样给你们做？我容易吗？"她越说越来气，这时我再看羽毛儿、雨点儿，两人一脸的憋屈，好像想说什么又欲言而止。

孩子们其实很爱姥姥，心里清楚姥姥做饭辛苦，可自己确实又不能违心吃不喜欢吃的东西。此时看到姥姥生气，又不想火上浇油，但不说又感觉到很委屈。

我看到这个场面立刻把话抢过来说："我知道姥姥平时做饭很辛苦，我也相信羽毛儿和雨点儿也很清楚这点，也很体谅姥姥的付出，我们都看在眼里、记在心里。只是，今天我们不是来评判在吃饭这个事情上谁对谁错的。只是就这件事发生的矛盾本身我们进行一次沟通，我想通过借助一个小工具来协助我们分析一下，问题出在了哪里，是不是有解决的方法，或更好的方式让我们以后减少在吃饭上遇到的矛盾。对于这个矛盾我不做任何的评判，我也不会站在任何一方的立场上去裁决什么。在我看来你们都没有错，只是一些问题没有达成共识造成的沟通不畅，所以不用太过在意对错。我也不是来做判断题的。我只是想要来协助你们消灭这个矛盾，让我们家不要因为吃饭这件事再闹不愉快了。"

我表达完后再看看她们都放松了下来。刚才有点儿硝烟再起的样子已经回归了平静。通过刚才姥姥和孩子们的情绪反应，也让我觉察到，其实每个人都怕自己会被认定为是那个错误方。当有了这个心态，身体就会开始起反应，大脑就会开始调动所有可以调动的各种理由为自己寻找辩解的语言。大脑一旦启动这样的思维模式之后，就不会去干别的了，根本不会去聆听对方要表达什么。在对方说的时候，自己的大脑就只是在搜寻可以压倒对方的有利证据，而不是真正耐心地听对方要表达的内容。

如果这样，沟通就无法进入真正解决问题的环节了，因为这时的大脑只是一味地整合自己的"证据"而已。从心理学角度来说，就是她们双方都升起了自己的防御系统，拿起了盾牌。我的这段话，就是让她们放下对彼此的防御，放下为自己辩解找理由的思维模式，从而能真正投入到这个工具的使用环节中，达到解决矛盾的目的。

看到她们彼此都放松后，我知道她们都放下了自己的盾牌，就开始进入"乔·哈里视窗"解决问题的环节。首先，我先给双方都发了可以粘贴的便签纸，姐姐羽毛儿发的是绿色的便签纸，雨点儿是粉红色的，姥姥拿到的是黄色的。分好颜色后，我在白板上以中心点为基础，横竖画了两条黑色的线和两个箭头，立刻把一个白板分成了四个象限。然后在两条黑线的XY轴上，分别写上了"姥姥的拿手菜"和"孩子喜欢吃的菜"。

这样四个象限就很快被定义了下来。第一象限就成了"姥姥做的拿手的菜和孩子爱吃的菜"；第二象限是"姥姥拿手菜和孩子们不喜欢吃的菜"；第三象限是"姥姥不擅长的菜和孩子喜欢吃的菜"；第四象限是"姥姥不会做和孩子没吃过的菜"。然后让她们三人分别用手上区分了颜色的便签纸按各象限的内容写出自己的答案。比如，姥姥认为自己做的拿手菜用黄色的便签纸贴到第一象限，自己做的次之的菜放到第二象限；让羽毛儿和雨点儿用她们手上不同颜色的便签纸把自己爱吃的菜放在第一象限，不爱吃的放在第二象限……以此类推。这样很快四个象限就被贴满了。

第五章　活用企管思维，陪孩子做好自己

　　然后作为会议主持人的我，就引导她们三人一起一个一个象限去看。我们先看第一个象限的内容：这个象限是姥姥做的拿手好菜和姐姐羽毛儿、妹妹雨点儿爱吃的菜。我把这个象限里三种不同颜色的便签纸，内容相同的菜名全部记录了下来，形成了家里的菜单。写好后并和她们三人确认核对：这个菜单中的所有的菜是不是姥姥认为自己做的好吃的，然后羽毛儿和雨点儿也爱吃的菜？姥姥先拿起了菜单，她看到菜单上的菜名时，脸上有点抑制不住自己的喜悦，立刻眉飞色舞地说起某次她做孜然炒肉时两个孩子都狼吞虎咽地吃了好几个，本来以为够吃的，最后，看孩子们吃的那么欢乐，自己没有舍得吃，都让孩子们吃了，自己偷偷下了点儿面条吃，但看到孩子们吃得那么得满足，她内心也都乐开花了，说着自己都开心得笑出声来。还用手指着小雨点儿的头说："上次是不是这只小吃猪啦，那么贪吃，一口气吃了三个！都把姥姥吓到了！这么吃下去，可怎么养得起哟！"说着愉快地抱起了小雨点儿。小雨点儿听到这里也在姥姥怀里撒娇地说："就是就是，姥姥做得孜然炒肉别提有多美味了！简直是人间极品呢！真想立刻再吃到。"说完就在姥姥怀里蹭蹭，还用小舌头舔舔自己的小嘴唇，装成一只小馋猫的样子。姐姐羽毛儿拿过菜单看到排骨焖面，立刻眼睛放出光来，兴奋地说姥姥某次做的焖面是她吃过的最好吃的焖面，比饭店的都好吃。然后还假装自己拿着碗大口吃的样子，把自己的嘴鼓得圆圆的，好像里面填满了美味的焖面，看着她夸张的表演，我们乐得眼泪都快笑出来了……真是"民以食为天"呀，她们三人已然沉浸在了这张菜单中的美食，都忘了要进行下一个环节的内容了，让我这个主持人看着都不忍心打断。

　　看着她们用想象力吃完了第一象限的美食后，我们走进了第二象限：这个象限里是姥姥认为自己做的好吃，而孩子们不喜欢吃的菜。那么在这个象限中，我也收集了三种颜色标签的菜名，然后询问两个孩子不喜欢吃的理由是什么？是否有可以升级到第一象限的菜品？羽毛儿和雨点儿很认真地回想自己写的每道菜，比如说到"酸菜鱼"说就是太麻了，要是没有那么麻其实还挺好吃的，菠菜豆腐，菠菜每次都好烂，吃到嘴里怪怪的感觉，如果不那么软就挺好的等等。羽毛儿、雨点儿表示其实这个象限里的一些菜，也不是完全的不好吃，只要改变一点儿就会变成喜欢吃的菜。姥姥在旁边听了孩子们说的，就和孩子们讲自己是出于什么原因要这么做的。比如，姥姥说到菠菜和豆腐一起煮会形成草酸钙，草酸钙是人体无法吸收的，这样会形成体内结石，还会让牙齿变得很涩，但这两样都是很有营养的食材，所以姥姥会先把菠菜放热水里烫熟，因为草酸很容易溶解于热水中，这样烫过的菠菜就没有草酸了，再和豆腐一起做就不会形成草酸钙这个物质了，这样既美味又营养，只是菠菜因为已经烫熟过，和豆腐再一起煮就会因熟过头而变软。酸菜鱼是因为酸菜本身湿气重，麻麻味道的是花椒，花椒去湿气功效很好，所以每次总想着多去去湿气，平衡一下酸菜中的湿气，就会多放花椒，如果孩子们接受不了花椒的味道，下次做酸菜鱼放少一点儿花椒就可以解决这个问题了。羽毛儿和雨点儿听到姥姥说的这些内容放大了眼睛，在孩子们的知识结构中，把生的食材做成熟的放好多调料就是做饭了。没有想到做菜里面还有这么大的学问呢！两个孩子一下子对做菜产生了好奇心，同时又对姥姥特别佩服，忽然觉得姥姥做菜好有技术含量啊，再不敢随便说姥姥做的菜不好吃了。原来既要好吃又要健康的背后有这么多的知识在撑腰呀。同时，她们理解到菠菜软和酸菜鱼麻这背后的原理后，也能接受这两样菜的"不完美"了，认为从姥姥这个角度来说，确实健康更重要，自己那一点儿小的口感不算什么。就这样又有几道菜进入了第一张菜单中。

通过这个象限的交流我发现，有时其实只是一次事情发生的表象，由于彼此没有做过任何的交流，就分别把自己的猜测和评判直接当成事实去对待彼此而造成的误会。比如在这个象限里，孩子只是吃了一次酸菜鱼，觉得花椒的味道自己难以接受，就不吃了，然后姥姥只是看到了孩子不吃的这个现象，也没有问是什么导致了孩子不吃的原因。就直接评判成孩子不好好吃饭、不珍惜别人的劳动成果等，对于孩子来说她只是无法接受花椒的味道而已，却无缘无故被扣了那么多的帽子，自己也觉得委屈，以至于连吃饭的心情都没有了，就干脆赌气不吃了。这种不经过任何交流和沟通就直接下定义的习惯，是矛盾的罪魁祸首，并造成了事情的恶性循环。

通过在这个象限中彼此的交流和深入沟通，孩子们收获了营养搭配和化学知识的扩展。这时羽毛儿已经是初中生了，开始学习化学知识了，她在姥姥做饭的内容中竟然听到了化学名词，这让她兴奋不已。她没有想到自己学习的知识，竟然可以这么用于生活中，一下对于化学的学习兴致提高了。以前羽毛儿一直以为课本中学习的内容和生活中的常识是两个世界，在今天这个象限中，竟然这两个世界相遇了！原来自己在课本中学习的知识和生活这么息息相关。让她了解到学好课本知识并能把这些知识有效地运用到生活中，就是最好的智慧。

通过这个象限的充分沟通和交流，两个孩子都信誓旦旦地要向姥姥拜师学艺，并且很愉快地接纳了几道菜进入了第一象限的菜单，另外几个确实不喜欢吃的菜，也都表达了自己为什么不喜欢的原因，姥姥也表示，看自己改良一下余下的几个菜的做法，是否能调整成她们爱吃的样子。

看到她们如此快乐地交流可以改进的菜式，我内心非常欣喜，并把她们的意见也都一一记录了下来，并形成了第二个菜单：补充升级菜单。在这个菜单中，有标明需要调整的内容。

下来进入第三象限的内容：姥姥不会做，孩子喜欢吃的美食。在这个象限里我记录了孩子们爱吃的菜，然后提议这个象限里的菜就作为我们平时家里用餐的补充，以叫外卖的形式送餐，或者作为我们家庭日聚会的定点餐厅。孩子们听了非常高兴！还说这样姥姥也可以休息，不用做饭了。姥姥也开心，还表示出去吃几次，自己就能学会怎么做，争取也能慢慢进入我们家自己的菜单中。我把第三象限的便签条内容整理出了第三份菜单：外出聚餐（外卖补充）餐单。

第四象限的内容我修改为：我们还未发现的并且姥姥不会做的美食。在这个象限，我和她们说：中国可是泱泱大国，美食世界第一呀。如果不多探索些好吃的，就太可惜了。所以呢建议大家平时多以探索的心去留意我们还不知道的美食，这样可以扩展我们第三象限的内容，让我们家庭日聚餐的地点变得更多样化。也让我们能更多地品尝到各种中国美食。

羽毛儿和雨点儿听了几乎要跳起来了，说这简直是太棒啦！姐姐羽毛儿抑制不住兴奋地和我说："妈妈，那么这样我们不就成了吃货家庭啦！从老到小，都是吃货！"说着就指着姥姥说："老吃货带了一群小吃货，哈哈……"两个孩子说着就笑弯了腰。孩子就是这么可爱，只要提到有好吃的，这美食虽然还没有吃到嘴里，就已经很满足了，她们可以用想象力吃掉所有的美食。

这样我们家的第四张菜单也就出炉了，就三个字：待开发。然后空着，我告诉她们，谁有好的发现，都可以填写到这第四个菜单里。

家庭会议开到这个时候，已经达到很圆满的状态了，但大家都还沉浸在美食中，意犹未尽地谈论着，没有散去的意思。

当"乔·哈里视窗"照进我们家的餐桌后，这四张菜单完全解决了我们家用餐的矛盾。这真是太神奇了，而且一次除根！

那天之后，孩子们还时常悄悄和我说：她们发现姥姥做饭的水平越来越高了，现在做的饭都那么好吃，简直可以用某饭店的广告词：闭着眼睛点，道道都好吃了呢。我鼓励她们不用悄悄和我说，可以直接和姥姥表达，我相信姥姥听了一定会比我更开心。

姥姥也私下和我提到：她现在每次做饭就想到孩子们吃的那种快乐的样子，做起饭来特有劲，让她每次做饭，都想着孩子们今天又快乐地把饭菜吃光的样子，感觉自己很有成就感，很有价值，说现在做饭真是一件美好、愉悦的事情。

听了她们双方的话，我内心特别感动，让我想起了一句话：家不是讲理的地方，是讲爱的地方。她们彼此都深爱着对方，当阻碍爱的隔板被抽开了，爱会自然流动起来，流进我们家每个人的心中。

"请勿打扰"的界限

2016年春，我们搬家了，由于姐姐羽毛儿已经长大，需要独立空间，所以在这次的家庭装修时，专门设计了属于她的独立空间——一间自己的房间。房间虽小，但孩子很满足。觉得有了属于自己的小天地，特别兴奋。

她精心布置了自己的小天地，墙面上贴满了荧光小贴纸，一关灯，满天星斗，还在房门口贴上了"请勿打扰"的门贴，我看到这个布置，不禁想到孩子在充满幻想的同时还懂得伸张自己的界限了。

一天我正在自己房间读书，忽然听到屋外的争执声，不知道羽毛儿和姥姥之间发生了什么，羽毛儿气鼓鼓地回到自己的房中，姥姥紧跟着孩子想到她房间继续理论，可羽毛快速关好门，不再出来。姥姥怎么敲门，羽毛儿都在自己的房间里不做声，也不出来。这时，门上很抢眼的四个大字"请勿打扰"刺入了姥姥的眼里。

姥姥立刻像被促动了开关一样的说:"你这'请勿打扰'是防谁呢?这房间里就你妈、我和妹妹,你这是要防我们谁,贴这么个标签,开门!"

羽毛儿在里面就是不开,也不回答。姥姥在门口砸了半天门,自知也叫不开门,很不服气地说:"你就是想把姥姥气死吧,就是想让姥姥的高血压病复发。"然后就回自己房间生闷气去了。

我在房间里听到这一幕的发生,并没有出来调节,因为我很明白,在我不清楚发生了什么事情的情况下,出来调节只可能激化矛盾。

我等待外面风平浪静了之后,来到羽毛儿的房门口,轻轻地敲了敲门,小声地说:"是妈妈,只有妈妈一个人。"我静静地在门口等了一会儿,羽毛儿小心翼翼地打开一条门缝,看到确实是我一个人,就闪开身,让我进去。我进了房间后反身将门关好,和她并排坐着。

这时的羽毛儿,像个犯错的孩子一样,低着头儿,看着自己的手指,不说话。估计她想我是来批评她的吧。

我抚摸着羽毛儿的肩膀说:"宝贝儿,妈妈很佩服你的勇气。"

她听完这句话愣住了。一下抬起了头,瞪大了两只眼睛,很不解地望着我。

我说:"妈妈知道如果你不是觉得自己被冤枉了,不会有这么大的情绪,你敢于把自己的情绪表达出来和大人对抗,妈妈佩服你。而妈妈小时候就没有你这样的勇气和大人对抗,许多时候都是忍气吞声的,也不敢说出自己的想法,压抑了自己的情绪,而且妈妈看见你在你的房门上贴了一个'请勿打扰'的标签,妈妈觉得你懂得伸张自己的界限,敢于表达你的不满,对于这点上,妈妈为你点赞。"

羽毛儿听了,忽然眼睛一亮。她感觉到我并不是来找她麻烦的,她的心放松了下来，打开了自己的话匣子开始和我说："妈妈，你知道吗？我其实问过姥姥，她是否有焦虑症，姥姥说她以前有，现在已经好了，没有了。但你知道吗？就是她自己说的现在没有的状态，我们都受不了，你小时候是怎么过来的呀？那个时候姥姥都承认自己有焦虑症，那有多恐怖呀，而且她还说你很乖，那你得多压抑自己呀，我好同情你呀，妈咪。"说着还用她的小手来摸摸我的头，仿佛我才是那个受伤的小女孩儿。

你看孩子有多可爱，同理心很强。瞬间就把自己的痛苦忘记了，这时只有对你的爱。

我和羽毛儿说："所以妈妈很赞叹你有这样的勇气，敢于伸张自己的界限和表达自己的不满。不过换个角度来看这个问题，如果妈妈小时候，没有遭遇过姥姥焦虑症造成妈妈的压抑，妈妈是没有办法体会到那个强烈不舒服的感受。因为妈妈知道那有多难受，妈妈才不希望你们体验到我当初的那个感受，妈妈才会变得不同，才不会用焦虑的状态去对待你们，凡事才会更多的从你们的角度去考虑，从这个角度来说，你是不是应该感谢姥姥呢？"

羽毛儿听了之后开心地笑了，说："那还真是呢，就是可怜了我的小妈咪，让你受委屈了。"然后又用自己的小手摸摸我的头。

我看孩子心情好了些，继续和她说："其实我知道你很爱姥姥，只是有时会一时间控制不了自己的情绪，造成了彼此的不愉快。这个妈妈非常理解，大人有时都很难控制自己的情绪，更何况是你呢？可姥姥毕竟年龄大了，生气对姥姥的身体会有影响，我们是不是可以一起想想办法，如果下次再遇到类似的事情，能用什么方式改变一下冲突的发生呢？"

羽毛儿听了这话，忽然有些慌张地问我："姥姥是不是真的高血压了？她吃药了吗？"那表情又感觉像个犯错的小孩儿，还带着深切的关怀。

我安慰羽毛儿说："我刚才去看了看，姥姥躺着呢，没有吃药，没事的。"

她松了一口气，然后有些委屈地对我说："妈咪，我也不想这样，可是姥姥总是会说好多让人不舒服的话，让我心里堵得慌，就会忽然很愤怒。"

我听后摸摸她的头说："妈妈能感受到你的不舒服，也能理解。妈妈也有过你同样的感受，而且妈妈有时都未必能做到没有情绪，更何况你呢？妈妈知道你已经尽力了，你没有继续和姥姥顶嘴，自己一个人回到房间，其实就是在想办法解决问题，妈妈看到了你的努力。"（我并没有去追究刚才究竟发生了什么，这个时候不是判断对错的时候。）

小羽毛儿听我这么说，很乖巧地点点头，然后我继续问她："那如果同样的话要不是从姥姥嘴里说出来，而是从妹妹嘴里说出来你会有什么感受呢？"小羽毛儿听了之后就哈哈笑了起来说："那个小可爱呀，要是从她嘴里说出来就只剩下可爱了，啥情绪都没有了。"说完就开心地笑了起来。

我看着她说："你知道吗？老人有时也像孩子一样，其实就是想和你玩儿，求关注，和妹妹的心理是一样一样的。只是因为老人毕竟是大人，不能像孩子一样的表现出可爱的样子。其实姥姥有时和你说的话，只是想和你说说话而已，只是她的表达方式，会听起来像是命令或者是干涉，让人不舒服。可她并无恶意，姥姥也是出于爱你们才说了她认为对的话，只是她表达的方式无法让你接受。刚才你也说了，如果同样的话由妹妹来说，你就不会觉得不舒服，那么下次遇到同样的问题，我们是不是可以把这个时候和你说话的姥姥想象成妹妹在说来对待呢？"羽毛儿听到这里淘气地笑笑说："原来老人也会这么可爱呀！"然后点点头，表示明白了。

我还告诉羽毛儿说：看到她和姥姥两个闹不愉快，妈妈会特别难受，因为一边是我的女儿，一边是我的妈妈，这个时候，我其实谁都不能帮，因为我相信在彼此的观念中都没有错，我没有办法站在任何一边的立场上去和另一边形成对立。这样反而会对我们三个人的关系产生破坏，会影响到我们家庭的和睦。但我不出来面对，你们内心又都会责怪妈妈，因为你们彼此又都会期待妈妈出来协调并站在自己的一方，支持你们，因此会让妈妈陷入一个两难的境地。说到这里，我拍拍小羽毛儿的头说："妈妈相信你，下次再发生类似的事情时，你会用你的智慧来应对的。"

之后，我在家的时候，真没有再看到姥姥和羽毛儿之间的冲突了。

有一次姥姥和我说："真是拿这个孩子没有办法。"那口气，虽然说的好像是一件很无奈的事情，但脸上的表情明显又带着隐藏不住的笑意，我好奇地问是怎么回事儿。

姥姥告诉我说，羽毛儿这孩子，现在只要一说她，她就会手托着小下巴笑着和姥姥说："姥姥，你好可爱呀！姥姥，你说你怎么能这么可爱呢！"然后就过来抱抱她，弄得自己哭笑不得。本来挺生气的，被羽毛儿这么一抱，啥脾气都没有了。我听了心里偷笑，这个孩子，真是用自己的智慧来化解了和姥姥的冲突，难怪最近家里都消停了，再没有看到她们之间的冲突。

试想一下，如果我忽略孩子的感受对孩子说："你怎么那么不听话呢，姥姥说你两句你就听着呗，发那么大火干吗？从小怎么教你要爱护老人的？姥姥都那么大年纪了，万一有个三长两短怎么办？真是一点儿不让大人省心，姥姥说你几句能有多大委屈？那么大了还这么不懂事！"

再或者说："多大点儿事儿！非要弄得家里乌烟瘴气的，不让人安生，妈妈累了一天了，回到家就听你们吵，你们考虑为我分担一点儿吗？就知道惹事儿！"我想这么说完后，孩子的防御机制一定会升起，把心门关闭，不再敞开自己，让沟通变得不可能通畅。向孩子提出劝告或者给孩子提出解决办法，或简单粗暴地抱怨指责都等于直接剥夺了孩子在自己人生经历中寻找自己宝贵经历的权力。

家长在面对和孩子的交流沟通时，会直接去对事情的对错做评判，进入到指责、当判官、找对错上，并没有真正去体会这个事情的客观事实和孩子的感受，孩子在这样长期被否定感受的状态下成长，会感到困惑与愤怒，会让他们慢慢切断自己的感受，变得不信任自己。

有技巧地和孩子进行沟通，同理孩子的感受，从她的感受出发，孩子是可以自己去解决问题的。孩子感觉好了，自然会通情达理的。是可以起到四两拨千斤的效果。如果在上面这个案例中，我在她们发生冲突的时候直接站出来批评孩子，或者指责姥姥，都会让这个矛盾变得更无法调和。

在上面这个我和羽毛儿的沟通交流中，首先我把孩子看成一个独立的人，我们完全可能有两种不同的感受。同理了她的感受后，也告诉了她我的感受和观点，让她感觉到被尊重和平等，并且在她和姥姥发生冲突这件事上我没有做任何的个人评判，这让她不会升起自己的防御来和我对话。当我们接受孩子的感受时，孩子也会更好地接受我们之间制定的行为界限。

建立自己的 PDCA 学习系统
——注重成绩，还是注重成长

穿上"学霸"的外衣

初三一开学，羽毛儿回来表情凝重的和我讲："妈咪，我现在的成绩估计也就只能够上个好点儿的公立高中而已，可是我想考上名校。"

原来一开学，班主任就专门给孩子们讲了他们今年面临中考的压力和难度，算是有史以来压力最大的一次。基本上能够上到公立高中的占40%左右，余下的学生就只能选择职业高中，但如果想上好的高中，也就是大家口中的"名校"，大概平均成绩要在九十五分以上才可以，基本上年级排名在前四十左右才有希望。而此时羽毛儿在年级的排名大约是在一百二十名左右。

这是羽毛儿头一次和我提到她想在成绩上下功夫。看到孩子有愿望，我鼓励她说："有目标很好，那要如何实现是关键，需要妈妈协助你什么吗？"

羽毛儿心情沉重地说："可是妈咪，我对自己没有信心，我觉得自己是个'学渣'，怎么可能考上'名校'呢？可我想上更好的学校读书。"

我知道羽毛儿是在担心这么短的时间来冲刺，离年级排名前三十，还有很大的距离，她对自己信心不足。我笑着说："妈妈相信你，你知道吗？你比你想象的更优秀，我坚信你可以做到！"

羽毛儿半信半疑地望着我说："可我怎么做才可以呢？只有那么短的时间了。"

我说："其实时间很充裕，只要我们做好统筹规划，时间不是问题。你可以先穿上'学霸'的外衣。"

羽毛儿听我这么说愣住了，问："妈咪，什么是'学霸'的外衣呀？"

我问她："在你的印象中，'学霸'是什么样子的？"

羽毛儿若有所思地说："嗯，'学霸'学习很用功，成绩都很好。认真写作业，会找课外题刷题，会去上课外辅导课，并且会预习和复习。"

"那你做到了哪些？"

羽毛儿不好意思地伸出了小舌头说："嘻嘻，妈咪，我没有那么用功，也没有认真完成作业，从来没有上过补习班，我只是偶尔会临时抱佛脚……"

我看羽毛儿自己列出了和"学霸"同学之间的差距，就摸着她的头说："嗯，不错嘛，还挺有自知之明的。那么你看到了自己的提升空间吗？"

羽毛儿这会儿有些轻松并愉快地说："嗯，妈咪，我看到了，我要开始用功学习，我要认真地写作业，我还想去报个课外辅导班，然后我可以把以前学的，和还没有学习的内容画思维导图来进行复习和预习。"

"看！你已经开始穿上'学霸'的外衣了呢！"我愉快地看着羽毛儿说出了自己要努力的方向，适时地为她点赞，然后继续说："可能刚开始你穿'学霸'的外衣会感觉不够合身，就好比你平时穿小码的衣服，现在给你穿了大码的衣服一样，可是小朋友都会要长大呀，所以你只是提前穿了大码的衣服，过不了多久，长大的你，穿上这衣服就刚刚好了。'学霸'的外衣也有这个特质，所以先穿上它，不久的将来，它就会合身啦。"

羽毛儿听了我这话，舒心了许多，表情没有那么凝重了。然后她又问我:"妈咪,可是这么短的时间,那么多的功课,整个三年的内容,都要考呀,前两年学的东西我都忘记了,而且基础也不牢固,我要怎么办才能快速提升成绩呢?"

我说:"宝贝儿,毛爷爷曾经说过,有了战略还要有战术。那么现在你有目标和动力,就已经成功了一半啦。接下来就需要方法来支持,这个妈咪也许可以用企业管理的方式帮到你,建立自己的PDCA学习系统。"

羽毛儿听了特别开心,催着我说:"那快点儿,告诉我该怎么办。"

接下来,我就什么是PDCA管理系统,给孩子做了讲解说明:"P"(PLAN)就是计划,设定计划目标。首先要把总目标写出来,然后根据总目标细分计划,所有的计划要用来支持自己的总目标。对于总目标,我们还要做阶段性的分解。就好比我们要上楼,要建阶梯才可以到达楼顶是一个概念。用毛爷爷的话说:就是我们战略上吃掉一个馒头,战术上要一口一口地吃。

我和羽毛儿先按中考的日子倒推出还有多少时间可以用来完成这项任务。然后把她所有要完成的学习和复习科目及内容全部列出来。最后根据天数来进行分解。把计划分解成为半年计划、季度计划、月计划、周计划和日计划。这样每天、每个时间要做什么就很清晰了,保证每日都按时完成计划,就可以达到最终目标。

我问羽毛儿,最坏的打算想考哪所学校?最理想的是考上哪所学校?羽毛儿说最差也想上排名前十的学校,最理想当然是想上排名第一的学校了。但说的时候显然依旧没有底气。

我继续说:"那我们就把排名第十的学校放到半年计划中,等半年后实现了,我们再列下半年计划,冲刺排名第一的学校。"

羽毛儿瞪大了眼睛,感觉她下巴都要掉到地上了似的,那一脸的表情都写着"这怎么可能"!

我没有理会她的表情，只是笑笑并让她拿来彩笔和A3纸。她一脸疑惑地拿来彩笔和大白纸交给我。

我让她在A3纸上先把自己想进的排名第十的学校名用鲜艳颜色的笔大大地写在纸的中间，很醒目的样子。然后旁边用红色的笔写上中考需要考的所有科目，并让她根据自己各科的实际情况，和期待各科能够提升到的目标分数写在旁边。最下面一行写上"冲刺年级前四十"。最后让羽毛儿按照这份内容抄写了几份贴在家里她随处可以看到的地方作为提醒。

把总目标确定之后，为了让任务更清晰化，把每项任务细分到小时为单位。比如，每个月要完成一个科目的所有导图，每个导图需要切分成多少小时完成，为了每个月完成这个目标，每周必须完成哪册书的导图任务。单词量要达到多少，每个月要背多少，每周要背多少、复习多少可以支持到每月的完成总量。

这些都分解完之后，再列出日计划。就是从早上几点起床开始，一直到几点睡觉，把每日时间切割成以半小时为一个单位的计量工具。从早上六点半起到晚上十一点睡觉之间全部的安排都列了出来。

在做计划的过程中羽毛儿感慨到，原来自己有那么多的时间都是空白的，没有好好利用过，自己就这么让时间在不知不觉中从身边溜走，而自己一点儿都不知道，忽然觉得好可惜，这么一安排，竟然可以做这么多的事情。她自己都很惊讶。做好安排计划后，就要付诸行动了。

"D"（Do）就是执行，实地去做，实现计划中内容的细节。有了目标计划之后，我们要付诸于行动。其实每个人都有惰性，更何况一直没有养成自律习惯的孩子。按照这个计划做也是一个难点。

计划的动力也就维持了几天，羽毛儿就开始达不到计划中的作息时间了，只要有一个环节的时间脱节，其他的计划就被打乱了，看到乱如麻无法完成的计划，羽毛儿有些气馁，不想去执行了，有很大的情绪和自己生闷气，又进入否定自己的模式中，感觉无力执行下去，很受挫。

我看到这个情况，知道羽毛儿正在经历自己的无力感。

无力感是人生中常会遇到的一种情绪，每个人都需要学习如何面对无力和无助。对于孩子来讲，不是一树立目标，就能实现。目标本来就是要设定的稍微高一点儿，不是一下就可以实现，需要通过努力才能够得着。在这样的情况下有无力感是很正常的，孩子越早学习面对无力感，越能正确地面对以后人生中的成功和失败。

在孩子出现无力感的时候，要对孩子在情感上、精神上给予支持。这样她就会有力量来自己面对这个感受。从本质上来讲无力感和无助感只是情绪的感受，不代表事件的本身。当孩子得到很好的同理和支持，她就能自己有动力去做。

想到这里，我知道这时需要协助孩子去穿越，就问羽毛儿，想不想聊聊。羽毛儿无助地点点头。我先肯定了羽毛儿前几天计划的完成情况，让她知道，完成这个计划从个人能力上来说，她是没有问题的，是可以做到的。现在她面临的只是坚持，持之以恒的问题和情绪的干扰。

我说："其实坚持不下来是她的'舒适区'在作怪，每个人都有自己的舒适区，并且大多数人是不愿意跨越这个舒适区的，因为舒适区给人有安全感，但事实上，舒适区会给人假象让人陷入到更大的风险中。作为一个有目标、有方向的人，就要学习如何跨出自己的舒适区，以便到达你想去的那个彼岸。但是怎么跳出来，这是许多人都有的困惑。人们在舒适区呆久了，就不愿意离开，不愿意挑战。我们的大脑会编织出各种理由来说服自己相信一切都不可能改变，或者说要改变起来很难，会让人产生很强的无力感，从而放弃。其实这些都是我们的人性决定的，也和我们身体的机能有很大的关系。"

听到这里，羽毛儿忽然开心了，说："原来不是我的问题，是我的身体懒惰呀。看来我需要挑战下我的身体状态。"然后她又问我："那我该怎么办呢？让自己的身体和大脑机能重新组合呢？"

我看到羽毛儿开始有兴趣听了，就继续和她说："身体有趋于稳定性的倾向，当然这些也都不是完全静态的，当外界的环境和你的意志有所转变的时候，身体的机能会根据这些信息去调整、去适应。比如你们上体育课，剧烈地运动后，再或者我们一起去爬山，由于长时间没有锻炼，猛然有强度大的刺激，第二天总是浑身酸痛，感到疲乏，这就是我们身体中在产生多巴胺，让自己适应新的环境，过程中大脑还会时不时地告诉你放弃吧，别把自己弄得那么累等等的声音出来。但你上了一段时间的体育课后，这些疼痛感、这些声音也自然消除了，这时说明你的身体各方面的机能都提高了，身体已经根据你所达到的运动量，做了自己的调整和变化，让自己的肌肉变得足够强壮，让自己的新陈代谢去配合和满足你此时的需求，这时你的身体就已经重新组合建立了新的适应区域。建立好这些新的适应区域后，身体就开始重新建立自己的体内平衡机制，让自己又进入新的舒适区并保持平衡。所以说，你现在面临的状态是你的身体和大脑看到了你在改变，不适应了之前的平衡机制，在做内部的调整。在这个时候，需要你用自己的意识或者说是意志力做一些相应的调整，坚持下来。让这个调整进入下一个阶段，你就不会有现在的问题了，这也算是一个习惯养成的过程吧。"

羽毛儿听到这里接着我的话说："妈咪，那我知道了。这段时间的坚持对我来说是有难度的，但如果我挑战成功这个过程，我的大脑和身体的配合就升级了，对吧。"

我看孩子听懂了，非常开心地说："对呀！这就和你在游戏里闯关一样，每次闯关前都会有个大BOSS，如果挑战成功，才可以进入下一关。你现在所面临的就是习惯上的大BOSS，如果你坚持下来能保持这样的学习状态，就会进入一个新阶段，到时也不会再有现在的情绪和对抗了，这都需要你自己去面对，去刻意练习。只要我们主动积极地去做，身体机能就会按我们努力的方向成为我们想要的样子。从这个角度来说，我们可以阶段性地去调整和改变自己。你现在就在这个过程中。"

羽毛儿一边听一边点头，表示明白。

我告诉羽毛儿，当我们遇到困难或者瓶颈的时候，放弃的声音大多来自我们心理层面的障碍，身体的状态其实并没有达到我们的极限，完全可以满足我们的目标。所以对于羽毛儿来说，她现在需要调整的是自己的心理状态并挑战大脑和身体的适应性。

羽毛儿听完我说的这些内容，增强了自己的信心，表示有意愿调整心态并挑战自己的身体适应环境的能力，她要和自己身体中的大BOSS去较量一番。

第二天，羽毛儿为了按照计划的内容晚上九点前写完所有的作业，没有回家吃晚饭，而是放学直接去了楼下的图书馆写作业，一直写到图书馆关门才回家。她回来看到我特别开心地说，她今天按计划在九点前写完作业了！她终于可以按计划往下进行导图内容了。

看到孩子能想办法创造条件约束自己去执行计划，很开心。但对于她这样无法吃晚饭的情况，我还是会有些心疼。我问她是否可以考虑放学买点儿吃的，之后再去图书馆，羽毛儿表示同意。就这样她坚持了一段时间去图书馆写作业，每次都到闭馆后才回家，让自己能集中注意力专注于作业上不受外界干扰。不管作业留的多还是少，到了闭馆时间，她回来都按计划去复习。如果当天作业太多，实在没有办法在图书馆完成，她也不再写了，而是选择复习、画导图或刷题。她会把写不完的作业预算一个大概的时间，放在第二天的早上写，并提前定好闹钟。

我对孩子的这个行为感到好奇，问她为什么不把所有的作业都写完了再刷题，从我的个人观点来看如果先把所有的作业都写完再刷题，感觉好像更合理。因为在我的观念中，作业是必须要做的，要上交老师的，而刷题是自愿的，没有人监督。羽毛儿也说了自己的观点：正是因为作业要交给老师，压力会更大，所以放到早上能倒逼自己一定要完成。而刷题、导图这些内容是自我监督，如果晚上写完作业太晚了，第二天早起刷题是没有动力的，会偷懒，这样计划就无法按时完成了。所以她选择先完成计划里的内容，然后上学前提前写作业，这样能保证计划的完成率更高。

听到孩子的这个说法，我才意识到，我们毕竟有不同的行为模式和思维方式，她能遵循她自己的意愿去做，对她个人来言应该是最有效的，我不应用自己的行为模式去要求孩子，那只适用于我自己，羽毛儿这样的思维有她的道理和逻辑。只是有时看到孩子作业多时，闹钟定到四点多或者五点，还是挺心疼的，但这是孩子自己的想法和选择，我始终没有干预她这个决定。她在用自己的方式不断尝试调整状态，要允许她有自己的体验和感受，如果她真的吃不消，她一定会想出更好的办法进行调整。

羽毛儿能用心按计划去执行，就是在建立自己的信心，这说明她已经形成了自己的内驱力，推动自己前进，这些过程对孩子来讲才是最难能可贵的学习！在这个过程中，我看到了羽毛儿的努力、渐渐形成的自律以及新习惯的养成。

"C"（CHECK）就是检查，总结执行计划的结果，关注效果，找出问题。这讲的是在目标和计划实施的过程中，要不断检查和调整校对，让自己用最小消耗达到最大效果。

在这个过程中，我告诉羽毛儿对每个月完成计划实施的情况要进行一次总结和复盘，过程中，也可以根据实际的情况进行计划的修改和调整。在刷题的过程中建立自己的错题本，按不同的科目进行分类。把自测和学校测验中所有的错题都抄写在错题本上，这样每次复习的时候，只过一下错题部分内容，可以有效的节约时间。并复盘总结在这个月中达成目标的完成率，把最有效果的方法拿来延用，不合理的或无效的方法进行改进，一边实施一边检查修改。

羽毛儿通过每个月给自己的复盘，都有对自己的计划进行微调，并加快了自己的计划进度。

"A"（Action）就是行动，对总结检查的结果进行处理。成功的经验加以肯定并适当推广、形成标准化，失败的教训加以总结，以免重现，未解决的问题放到下一个PDCA循环里。

在这个环节中，我指导羽毛儿不但要从成功中总结经验，也要从失败中寻找教训。把从成功和失败中所有的经验教训总结再进行复制，这样就形成一个良性的学习习惯，并构建了自己的学习系统。

通过PDCA的管理模式，羽毛儿的成绩直线上升。初三上学期结束时，羽毛儿回到家快乐地用自己的小手比了个小小的板栗的样子摆到我面前，然后和我说："妈咪！我变成活生生的'栗子'啦！今天班主任老师在班里说，我是活生生的例子。"说着俏皮地向我眨眼。我问她是什么情况这么开心，她说她"学霸"的外衣真的合身啦！同学们现在都说她是学霸，连老师都花了很长的时间在班上表扬她，说她变成"学霸"啦，她的成绩也和我们当初贴在墙上的目标基本一致了，她期末的成绩真的可以进入名校了！排到了年级三十七名，已超出自己的预期排名。

羽毛儿非常快乐地说："妈咪，谢谢你让我穿上'学霸'的外衣，我们可以制定下半年的计划啦！我已经看到我想进的学校在为我敞开大门啦！"这次羽毛儿的口气中充满了自信，再也没有半年前那种畏惧的模样。

万一我考了零分

一天，羽毛儿放学回到家，和我说："妈咪，我们考试了，要家长签名。"我一边在厨房张罗着一边说："好呀，拿笔给我。"我拿了笔之后，看到羽毛儿把自己的卷子卷得很小，只露出了分数那个地方，和刚好够我签名的地方，上面显示的是"67"分，我在旁边空白处签了名后，就继续做饭去了。

羽毛儿看我什么也没有问，就忍不住跟我到厨房问我说："妈咪，你怎么什么都不问呀？"

我一边做饭一边好奇地问她："我需要问什么呢？"

她说："你没有看到我的分数吗？"

我说："看到了呀，67分。怎么了？"

羽毛儿说："你就不担心我就只考了67呀？"

我笑了，说："原来就为这个呀，成绩是你的，不是我的，你觉得OK就可以，你对自己负责，我不需要对你的成绩负责，所以我不需要问呀。"

羽毛儿又追着问我说："你就不怕我考零分吗？"

我笑着说："如果你真考了零分，那么恭喜你，你只剩下反弹了。"然后继续做自己的饭。

羽毛儿这时才开怀大笑说："妈咪，我就是想测试一下你是不是真的不在乎我的成绩。其实我们这次考试满分是70分，我考了67分，是全班最高分。可是我最近发现一个现象，就是不管任何考试，只要是拿到了成绩，所有的学生，我想说的是所有的，不管是'学霸'还是'学渣'全部都一脸的愁容，好像跟拿到了炸弹似的，只有我好像不管考成什么样子，都没有他们那种感觉。今天老师在班上问，如果成绩不好多少家长会打，有至少三分之一的同学举手了,然后老师又问,有多少家长会骂?班上除了极少数的人,当然包括我在内,其他大多数同学都举手了,原来考试成绩不好,是会被打被骂呀!难怪每次考完试看到不管是我们班的'学霸'还是'学渣'都愁眉苦脸的。我一直不理解,今天老师问了,我才明白为什么他们会一脸愁容。所以我就想你从来都不问我的成绩,是不是真的不在乎我成绩的高低,刚好今天这个卷子的分数看起来是个不好的分数,所以我就想测测你是不是真的不在乎。"

我听了羽毛儿的话,挺为那些被打骂的孩子感到难受的,同时又觉得羽毛儿真是精灵古怪的,还知道拿一个看似不好的成绩来测试我。

我问羽毛儿:"那测试出来了?对结果满意吗?"

羽毛儿开心地点点头说:"嗯,测出了,妈妈很爱我。"说完露出狡黠地笑容。忽然她又像想起了什么似的,严肃了起来,感觉有些紧张地问:"可是,妈妈,万一我真的考不好怎么办?"

我看孩子想探讨这个事情,就放下手边的事继续和她说:"宝贝儿,要知道,考试仅仅是对我们一段学习知识的验证结果,一次的成绩并不能代表什么。万一考不好,就下次努力。更何况妈妈知道,你是一个对自己有要求、自我负责的孩子,妈妈更在乎你的知识结构、学习方法,以及你对求知的热情。这些都远远比你考了多少分重要得多。妈妈不希望只关注成绩这个结果,而让你对学习的态度本末倒置。人需要活到老学到老,学习是终身成长的事情,是一种习惯和渗透。妈妈对于学习这件事的态度是:学生时代的学习成绩固然重要,但不是我们的目标,我们的目标是通过如何自我管理和协作,最大限度开发自己的能力,在学习的过程中,找到最适合自己有效掌握知识的技能,从而使自己的成绩能够有质的飞跃。在这个过程中,成长是主体,成绩是附带品,学习是工具。在学生时代,妈妈觉得成长比成绩更重要。所以妈妈更注重你的身心健康和对学习的持续热度,而不仅仅是一个数字。"

说到这里，其实也想和家长朋友们说说，正确的看待孩子成绩这个事情，不要让你的目光只盯着孩子的成绩。成绩只是暂时的表象，而孩子的成长才是重中之重，要关心孩子的终身成长。

成绩是"果"，成长是"因"，我们家长的目标应该放在给予孩子这棵幼苗阳光、空气、水分和肥沃的土壤，让他自然去发展，根深叶茂，硕果累累。成长是生命的延展，是内在超越自己的力量，恒久而坚韧，是孩子一生的事。孩子是上天送给我们的礼物，他注定要和我们一起走过一段人生。我们的职责就是让这段旅程美丽起来。不止孩子，还有我们。

我用孩子的学习和我们家长的工作做个类比吧：学生通过学习来提高成绩，我们成年人通过工作来赚钱。那么赚钱是我们工作的唯一目的吗？就好比成绩是孩子学习的唯一目的吗？工作在我看来是服务于社会的一种方式和手段，服务的过程让我们感受到自己的人生价值，从而获得影响力。金钱不过是你通过自己的努力向社会传送了个人的价值而收获的价值交换。好比查理·芒格、比尔·盖茨、马云，如果不通过工作的方式来提升自己服务于社会的能力，他们也不可能从中获得那份影响力和认同感，金钱对于以上这些人来说是水到渠成的结果。了解了这个逻辑之后，我们再来看学生学习。

现在的家长都把学生考好成绩当成目标，虽然在我们现代的社会来说，看似是唯一真理，但事实上，是没有看到这个背后的逻辑，如果我们改变一下思维方式，把个人成长当成目标，把学习当成自我修炼、自我提升的工具，成绩自然会被提升上去，这样做的好处是，会从内心自主自发的进行，而不是被动的进行。

这两者的区别在哪里，在讲之前，我想先举个例子。任何商业都离不开销售，所以用销售来举例子，大家应该都能有体会。如果问你销售是干吗

第五章 活用企管思维，陪孩子做好自己

的？你可能会说，这还用问？不就是把东西卖出去呗，如果我继续问你重点是把产品卖出去，还是把钱收回来？你怎么回答？可能你会觉得这是个愚蠢的问题，会认为把商品卖出去了，钱不就自然回来了？其实在非零售的交易中并非如此，都是有账期的，而且账期有些长到令人咋舌。在我的工作生涯中有一项工作是做质量认证的，所以看到过许多企业是被账期拖死的。有时我问到老板这么长的账期，风险明显大于受益为什么还做，其实对方也回答不了，原因就是他们根本没有想清楚我刚才问的这个问题。就是到底是应该把产品卖出去为重点，还是把钱收回来为重点？那么我说说为什么看似一个不用分解的事情会带来这么大的影响呢？让我们看看如果重点不同，商业策略上会有什么不同？

一是重点是把产品卖出去。那么你所有的策略会倾向于做广告、卖产品、做促销、扩大知名度等，对于企业制定的考核内容包括KPI都会以卖出多少产品为奖励方案。统计分析的内容会重点分析什么顾客群购买力强，哪个策略会带来更有效地购买等，如果市场部和财务部发生冲突和矛盾时，也是以优先市场部的策略为选择，财务风险要让道。

二是重点是把钱收回来。那么策略就会倾向于找有信誉的顾客，分析锁定优质顾客，了解顾客背景，对于政策上会重点倾向于回款周期的制定，比如定金多少、过程中如何分阶段收款、尾款在什么时间内付清等内容。制定的奖励内容和KPI考核上也会是货款的回款率为主等，统计分析的内容也会是顾客的支付及时率等。

那么通过这么分析，不知道大家是否能够明白，看似一个很显然的内容，其实侧重点不同会有两个完全不同的结果。

现在再言归正传，回到我们关注孩子的学习和成绩上来。我想现在大家应该明白为什么如果以成绩为目的结果和以学习成长本身为目的的结果会不

同了吧？

　　家长如果只盯着孩子的成绩，那么孩子就是以拿好成绩为导向，虽然刷题这些看似都没有错，但一味的只为了拿好成绩而去刷题、猜题、送孩子上各种补习班。而补习班为了迎合好成绩，主要的教学方向也是提前学习课本内容，刷题、从考试的题库里拿题，根据考试的规律来猜题扣题，把所有的时间都用来应对成绩上。我看到许多二三年级的小学生就已经开始在这样的循环中。在我看来，这样培养孩子就好像是生产线上的流水作业，孩子没有了玩儿的时间，没有了自己的童年，乐趣全被刷题占领，学习不再是件好玩儿的事情了，获得知识只是为了应付考试和升学，上补习班只是为了拿到更高的成绩。所有的孩子都被培养成一样的状态，创造力和想象力自然就会被无形地剥夺。

　　如果家长只注重考试结果和成绩，孩子很难体会到求知的喜悦，如果孩子在升学时判断自己希望不大的时候，就会放弃学习。

　　再者说，家长眼里只有成绩，对于孩子来说，成绩就成了是为家长去获取的，是被父母逼的，不是为了自己。在这样的情况下，孩子是无法形成自己学习的内驱力的。好像自己做的一切都是为了家长，不是为自己，如果有了这样的想法，那么一旦有机会不被逼迫和督促，就会一落千丈，被逼紧了又得不到舒缓的话，又有可能会抑郁……现在许多孩子的心理问题都来自于生命的无意义感。

　　那么如果把学习当作成长的工具，我们再来看看。

　　其实在学习的道路上孩子也希望自己成绩好，是好学生。但为什么盯着成绩、管成绩还适得其反了呢？

　　我觉得这个要从根本上解决为什么要学习，而不是只解决成绩本身。就好比我们要种一棵苹果树，而我们所有的目标，都成了摘苹果，没有人关注苹果树本身，不管生虫了，还是缺营养了，都没有人关注，不低头看看树的根部、树干，并做好必要的施肥、护理，只抬头等着看结出来的果实。还在纳闷这棵树怎么就不好好结果呢？

人们把学习这个事情，因果关系搞反了，大家都在"果"上找原因，这样没有办法解决根本的问题，如果能从"因"上来解决这个问题，那么"果"自然就会达到预期的目标。只是"因"的问题不容易被看见，是个看似重要但不紧急的事情，所以不怎么受人关注，而"果"的问题很容易被看见，大部分的人习惯于关注重要且紧急的事情。好比成绩，看起来是迫在眉睫的事情，所以就成了紧急且重要的事情，不断干扰我们真正应该看到的本因。

在学习这件事上，大多数家长都在做捡芝麻、丢西瓜的事情，只抓孩子的成绩，却丢了对学生学习上内驱力、动力的挖掘。比如，情商的培养，以及全局性系统性思维的能力、体验式社会生活的感受，沟通的培养等。也就是我前面提到的本末倒置了。

所以我想说的是，给孩子该有的童年，不要只盯着孩子的成绩，这个世界上除了考学以外，还有许多路可以走，每个孩子都有自己的天赋，要让孩子找到自己的兴趣所在，并感受到学习的快乐，不要把学习变成一种压力和枯燥乏味的事情，让孩子真正体会到学习是我们获取知识的最方便、最快捷，也是最有效的一个技能。因为学习是一个人一辈子的事儿，学习能促使人成长，不仅为自己，还能为社会做出贡献。我们作为父母，应该全面地告诉孩子关于学习和成长的关系。

还有一些家长，因为家里有学习的孩子，或者说是考生，就让孩子在家里享受"特殊待遇"，这个"待遇"是除了学习，什么都可以不做。孩子一起床就把衣服摆在面前，洗漱的东西都准备好，衣服不用自己洗，更别说家务活了，家长全全包揽。孩子就只剩下学习一件事儿。这其实是一个很不健康的状态。

如果父母对孩子说："家里什么都不用你做，你只负责好好学习就可以了。"孩子也许就会以学习为理由不去承担其他事情，这可能导致孩子连学习这件事本身也做不好，而且还帮助孩子学会找借口，不去承担责任。就算孩子成绩再好，走到社会上，也会是高分低能的孩子，很难融入社会、不懂得与人合作、会处处受排挤，令孩子不能自信独立地解决各种问题。

另外还有些家长，好像除了问孩子考了多少分，学习怎么样以外，就不知道要和孩子说什么，造成了孩子的反感。这样就会什么也不愿意和家长讲，不愿意和家长沟通。其实，孩子在学校里一样会发生很多事情，有和同学们的互动呀，和老师的互动呀，看到了什么新鲜的事情呀，听到了大家热议的一些事情等，我们都可以和孩子交流，让孩子感受到家长是关心他的成长，而不仅仅是成绩，孩子是有血有肉的独立个体，有着不同的人生体验和感受，多跟孩子交流他在学校和同学的互动情况，还有他所关注的一些社会新闻、时事，会更拉近父母与孩子之间的距离。

成绩是孩子学习的检验，成绩考好考坏都要让孩子知道，他的人生是她自己要完成和面对的，他需要对自己的人生负责。学习也是孩子自己必须面对解决的问题，这个没有谁能代替。

那可能有些家长会问：对于孩子的学习，我们作为家长就什么都不管不问？就放养吗？

家长对于孩子的学习可以协助孩子理清适合自己的方法，探讨并协助孩子复盘，孩子在不怎么学习的时候，可以认真地问问孩子，是否有家长可以协助的地方，有自己可以做的事情。如果孩子不愿意谈，也尊重孩子，暂时不谈，但同时也向孩子表达自己随时愿意支持的心，孩子是可以随时来找父母商量的，并用自己的爱和耐心陪伴孩子就好。

part 3

用 GROW 模型做好情绪管理
——家长和孩子的情绪管理方法

"坏"老师不可怕

老师在孩子的成长教育中起着非常关键的作用，在孩子读书的时候如果能遇到好老师，那是孩子的福气。

记得我在小学六年级的时候，因为喜欢一个老师而改变了我的人生。那是我的数学李老师。她第一次出现在我们班教室的时候，略带鼻音的腔调给我们这帮刚上六年级的小学毕业生说了这么一段话：在你们每个人的身体里都有一把打开知识大门的钥匙，能开启一个五彩斑斓的世界。这把钥匙非常的神奇，可以带领你们看到一个从未见到过的奇异世界，这个世界不同于你们现在父母的朝九晚五的上班下班、两点一线的生活，这个世界是一个只有你能去遇见的美好。

时隔这么多年这段话在我脑海里都非常清晰，我的人生因这话而改变。我因为喜欢这个老师而对数学痴迷。

她让我知道这个世界原来不只是我现在看到的样子，不只是我父母活出的样子，这个世界还有着不同的精彩等着我自己去开启。这让我对自己的人生充满了期待，我当时就给自己设定了不过朝九晚五的生活，一定要活出和父母不一样的人生。

因为欣赏数学老师的智慧，我爱上了数学课。从那以后，我的数学成绩一下飞跃了，所有的课外难题，我都是第一个解答出来的，还参加了奥林匹克数学竞赛并获了奖，那个时候的我感觉被老师点燃了。能遇到这样一个开启自己人生的好老师，对于每个孩子来说都是福气，但这样的好老师可遇不可求。

有些孩子因为不喜欢某科目的老师而单科成绩下降，对于家长来说，是一件很头疼的事情。

羽毛儿在读书的时候，她们班就发生过家长联名签字要更换老师，还有各种单科老师频频更换的情况，使班上大部分孩子单科成绩都下降，家长们无奈找校方理论。但联名也好，找校方抱怨也好，这些折腾并不能在孩子的成绩上改变多少，也不能保证换了的结果就是最优的。顶多给家长一点儿心理安慰，让家长们感觉自己在这件事上已经尽力了，作为家长没有不作为，找回一点点儿的心安。但对于孩子的成绩来说，却丝毫起不到任何的帮助。如果再遇到责备孩子的老师，孩子对老师产生了对抗情绪而放弃对这门课程的学习，家长更是束手无策，除了能说别管老师的态度，自己的成绩要紧这样苍白无力的话语外，好像也再无他法。

羽毛儿在这个过程中成绩自然也跟着下滑。她还常和我抱怨班上一位老师，总是在课堂上批评指责她们同学笨、不用功，当然也包括羽毛儿，羽毛儿感觉很委屈、不舒服，一上这个老师的课就有情绪，导致自己心不在焉，无法再听进去。这科的成绩自然下滑到了她的极限。

这天，我看羽毛儿在吃饭的时候又开始抱怨这位老师，而且有很大的情绪，弄得碗筷的声音都大了许多。我就试探地问她："宝贝儿，我看到你好像很不开心的样子啊。"

"当然不开心了！每天在班上都说我们笨、我们蠢，今天还敲了我的桌子挖苦我不好好注意听讲，可我没有不好好听讲！"羽毛儿说到这里，眼泪夺眶而出。

我心疼地说："嗯，妈妈看到你觉得被冤枉了。这确实让人很难过。换做是我，也会情绪不好的。"我安慰道。

羽毛儿含着泪说："是啊，这样我更没有心思听课了，这科成绩还怎么能学好嘛。"说着放下碗筷，难过地又哭起来。

听孩子这么说我才明白，她的眼泪不只是委屈，还有想学好这科的无力，不知道该怎么办。我试着和她核对我的猜测说："嗯，妈妈感受到你其实无法接受自己的这科成绩下降对吗？"

羽毛儿点点头，表示同意。然后说："那当然了，可是怎么办呢？一上这个老师的课就很反感。而且老师还总是盯着我的成绩，还当着全班同学的面说我的成绩怎么又下滑了，这让我感觉到很丢脸，但并不是我不努力造成的，这可怎么办呀。学校又不可能给我们换老师，我看这一科是没有办法学好了。"说着，羽毛儿一脸茫然地望着我，很泄气的样子。

我看着孩子茫然的表情，很想帮忙。但我知道此时如果我和孩子说什么不要管老师怎么说，学习是自己的事情等，只可能增加孩子的反感，加深孩子的无力感。

有时家长给建议并不能起到积极的作用。建议在我看来，有时是家长无力的表达，有时是家长居高临下的专家式行为，并不能让孩子在自我反思中找到解决之道，而且一般情况下，当你一给建议，孩子的第一反应就是找实现不了的理由和借口来反驳你的建议。然后会说你又不是她，根本感受不到她的情况，陷入到"子非鱼"的状态，还会认为做家长的说话纯属站着说话不腰疼，不但解决不了实际问题，还指手画脚，最终只能以不欢而散告终。

我想这样的情况，家长们应该都很熟悉，我们一遍遍地说教、语重心长，然而孩子就是听不进去。收效不大不说有时还会产生反作用力，形成孩子和自己的对抗，甚至以后这样的事情干脆就不和你说了。再者说，我们的建议真的就合理并对孩子适用吗？家长喜欢给建议的主要原因是简单、怕麻烦，直接告诉孩子，孩子听话是最方便的。但这样对孩子并没有什么好处，只有让孩子自己去思考怎么做，并愿意做，才能真正达到培养其独立思维能力的目的。

孩子真正的对手不是那个看起来让人讨厌的老师，而是她头脑中的自己。是孩子不能接纳自己控制不了自己的情绪，让自己成绩下滑这样的事实，迁怒于老师，虽然老师是导火索，但改变成绩的人却只有自己。

想让孩子走出现在的困境，只有协助她自己梳理，才能让她真正明白要怎么做。这时，我想到了约翰·惠特默博士的"GROW模型"，就决定用这个方式来帮孩子做个梳理。

"GROW模型"是以goal（目标）、reality（现状）、option（选择）、will（意愿）为教练逻辑，协助被教练者找到自我的状态，并且自己去承担成长的责任。

想到这里我继续问羽毛儿："那你想改变现状吗？"

"当然想！我可不想因为一个老师而影响我的成绩！"羽毛儿一脸想与过去的坏成绩决绝的表情。

"嗯，不错，妈妈看到了你的决心，那么我们来一起探讨一下看有没有方法可以去解决好吗？"我试探着问。

"嗯，好呀！"羽毛儿一下兴奋了起来，期待地望着我，把椅子往我这边靠了靠，很认真地样子，看来她确实很想解决这个问题。

第五章　活用企管思维，陪孩子做好自己

"嗯，我看到我的宝贝儿很有决心，妈妈很开心，那么我们就一起看看我们在这件事情上能做些什么啊。首先，能否告诉妈妈，你的目标是什么？"我开始心里盘算着从"G"的问题出发。

"我想提高我的成绩呀，我希望自己能考进喜欢的偏理科大学。我有心目中的目标大学，按这个目标倒推的话，我至少要考进高中的名校才有希望。"

"嗯，"我点点头说，"看来你很清晰你的目标，那目前的状况如何？"

"就目前我的成绩来说，还达不到上'名校'的可能性，所以我必须要提升成绩！"

"那你现在的困惑是什么？"

"现在这个老师的问题就是困惑之一呀，她严重影响了我这一科的成绩。因为这一科拖后腿，使得我的理想变远了，所以我才着急呀。"

"为此你做了哪些努力？"

"好像没有做什么努力。"

"那如果可以做些努力的话，你想可以做些什么来改变？"

"我可以想着自己的目标，尽量不被干扰。可是我的情绪确实会影响呀，我该怎么办？"

"好，锁定目标是你的办法之一对吧？"

"是的。"

"那么我们再来说说你的情绪。你的情绪是因什么而起？"

"老师当着同学们的面说我笨，总是盯着我的成绩，我就会起情绪。"

"那你认为老师为什么这么做？"

"她就是这样的人呀，总是喜欢抱怨。"

"她对所有的人都这么抱怨、关注吗？"

"也不完全是，抱怨确实总是抱怨，对我好像会特别关注。"

"那你考虑过为什么关注你吗？"

"老师有问过我想达成的目标，我告诉了老师，她觉得我没有达到，想提醒我。"

"嗯，我听到了老师是想提醒你对吗？"

"是的。只是她在班上这样提醒让我感觉好像在讽刺我，让我很不舒服。"

"你是不接纳老师提醒的方式，我可以这么理解吗？"

"可以。"

"那你想过老师为什么要这么做吗？"

羽毛儿想了想说："也许老师想通过这样的方式给我压力，这是她一贯的作风。"

"那为此你能做些什么？"

"我改变不了老师的做法，但可以试着改变我对老师的看法。"

"不错，关于这个你可以再多说些吗？"

"老师不希望我的成绩下滑。是因为她着急，才会想着用这样的方式在班上给我施加压力。她关注我的成绩，是因为老师在乎我的成绩，老师觉得我是好学生。"

说到这里，羽毛儿忽然有些兴奋地从椅子上站了起来，仿佛想起了什么似的，然后对着我睁大了眼睛说："妈咪，老师竟然觉得我是好学生呀！我以前从来没有这么想过，我觉得我在她的课堂上表现不好，她一定认为我不是好学生。但她这么关注我，其实说明我在她心里是可以培养的好学生呀！我以前怎么没有想到。"她说到这里，竟然开心地蹦了起来，完全忘记了刚才的委屈。

第五章　活用企管思维，陪孩子做好自己

看着羽毛儿兴奋的样子，我很欣喜她能这么想。看来孩子都很期待自己在老师的眼里是个好学生。

她继续说："妈咪，老师只是在提醒我的时候忽略了我的感受而已。但不管怎么说，老师是关心我的成绩才这么做的。我应该改变我的学习状态，真的成绩好了，达到了我自己的目标，老师就不会在全班同学面前说我成绩下滑。我改变不了她的做法，但我可以改变自己的成绩。"

"宝贝儿，我很高兴你能这么说，看来你已经有答案了。"

"嗯，我还是要专注于自己的目标才行，不能被干扰。我要加油！"羽毛儿说这话的时候，单手握拳举了个力量的动作给自己。

"那下次再遇到同样的场景，你会做什么？"我继续问。

"我会提醒自己我的成绩确实还没有达到目标，老师是为了提醒我，她并没有恶意，我这样想，现在情绪好多了。而且我不会让这样的事情再发生了！妈咪，相信我，下次，我一定会让老师当着全班同学的面表扬我的！"说着羽毛儿的表情彷佛已经听到了老师当着全班的面对自己的表扬，显露出得意扬扬的样子，一扫刚才的沮丧。

"那太好了！恭喜宝贝儿，我看到你离自己的目标更近了呢。下一步你会做什么？"我追问到，情绪解决了，还需要解决她的目标落地的问题。

"为我这个目标做出详细的计划呀。"羽毛儿笑嘻嘻地说，那模样还沉浸在要受到老师表扬的喜悦之中。

"做计划需要妈妈支持吗？"

"暂时不需要，我要每天早起半个小时来增加自己这个科目的阅读，然后我需要把所有的知识点过一遍，画个导图什么的……"羽毛儿一边说，一边走到自己的书桌前，去做自己的计划了。

后来听羽毛儿说这位老师在班上增加了晚自习课，许多学生都不愿意去上，羽毛儿主动要求去上自习。我问她为什么，她说因为她想让自己的成绩变好，她应该抓住这个机会，多问老师问题，把之前的缺失弥补回来，而且她看到老师愿意花自己休息的时间来给学生补习，说明这个老师是个很负责的老师。她现在不但觉得这个老师没有那么讨厌了，而且还挺友好的。从此以后，我再没有听过羽毛儿抱怨这位老师。

羽毛儿的成绩也像她说的一样不断提升，恢复得很快。一个月后，老师果然当着全班同学的面表扬了羽毛儿，因为她的这科成绩得了历史以来的最高分。

引导孩子自主地发现问题，比说教要来得有效得多。通过这样的方式，为的是激发孩子的潜能，激发孩子的最佳表现，帮助孩子达到最佳状态。

要相信孩子有内在的、自然的学习能力，我们作为家长应该呵护这样的能力，不要让这种能力被后天的指导所破坏。不要在过程中当救火员，一看到孩子"起火"，就去"灭火"，最终让孩子失去自救的能力。如果从小到大，孩子的每一个决定都是大人告知该怎么做，那么孩子走上工作岗位以后，就只能是老板说什么听什么，永远只是老板思想的一个延伸而已，成了一个做事的木偶。

我们要相信每个孩子都是一颗种子，都蕴藏着可以成长为苍天大树的潜质。我们需要鼓励、引导、挖掘他们，让这个树木按自己的本质去生根发芽，扎根沃土，汲取营养。

虽然这个过程看似复杂，但其实用心顺遂地去聆听，不强加家长的意见，只是接住孩子的话往下问就可以了。我们家长需要做的就是给孩子建立一个安全的环境，让她敢说敢想，不怕说错。

过程中，家长要始终带着中正、客观的态度，有同理心的去聆听。不要带着成人的思维去对标，孩子说到自己的心坎上就是对的，说不到我们的心坎上，就要刻意去引导孩子往自己的思路上走，这样就违背了提问的初衷。我们协助孩子的根本目标是建立孩子的自信，引发孩子的自主思考。

家长要学会从扩展的思维去看待孩子，不只是关注孩子现有的能力，而是把眼光关注在孩子待开发的潜能上，这样的提问，就很容易做到。

我们要学会聚焦孩子面对未来的可能性，而不是局限于孩子之前的表现。如果我们自己先限制了对孩子能力的看法，那么孩子就只能在我们限制性的思维里去看待自己，而更加限制和束缚了自己的能力。这样只能把能力锁在了对过往的认知，而不是对未来的拓展。

还有要注意的是，在提问的过程中，要记得肯定孩子自己找出了答案，让她对自己有自信，让她知道通过自己的努力，自己是可以解决问题的，她比自己想象的要更优秀，要让孩子看到自己隐藏的潜能。而不要把这个功劳贴给自己，说要不是家长这样的陪伴和引导，你怎么能这么想之类的话语。要知道，对于我们最佳的奖励就是看到孩子在你的陪伴下更加的自信，这就是我们的收获。

羽毛儿有一次和我说，觉得我是一位有魔法的妈妈。我问她为什么这么说。她说："你从来都不给我建议，也不盯着我写作业，仅仅就是提了一些问题，有时还什么都不说，就是看着我，我就自己自问自答地知道自己要做什么了。而你看起来什么都没有做，我就乖乖地自发去做了你想让我做的事情。"

我笑笑说："因为那也是你想做的事。"

羽毛儿说："嗯，所以我才觉得好神奇，你真是一位有魔法的妈咪！"

妈妈的脾气是草莓，还是苹果

作为家长，面对孩子的各种行为，总会有坏脾气控制不住的时候，如果不分青红皂白就把孩子劈头盖脸地训斥一番，那么后果总是很令人懊恼，最后害得自己收拾残局。

有些家长发完脾气之后才意识到有时并非是孩子的错，但碍于面子，也不愿意向孩子道歉，只是暗暗地告诉自己，下次自己注意一下就好，可下次情绪一到，这句话早就被抛到脑后，忘得一干二净，现场该咋上演一点都不耽误。

以前我也会有看到孩子的某些行为就控制不住自己情绪的时候，发完脾气后，面对自己刚才的行为做了反思才发现，未必每次都是孩子的错，激起我愤怒的原因其实有许多不同面向，有时只是孩子的某个行为引发了我自己曾经的伤痛，有时是因为自己在外面遇到了一些不愉快的事情，引得自己情绪不好，回到家看到孩子的某个行为就觉得好像孩子在跟自己对着干，实际上那只是孩子平常的一个行为而已，是迁怒的情绪造成我们以为是孩子激怒了我们，就把愤怒施加给了孩子，因为在家里发到别人身上会产生更大的矛盾，有时是我们为了逃避家里其他人的指责，把这个情绪先转向指责孩子，这时，孩子成了无辜的"替罪羊"，毕竟孩子在家里是弱者，还反抗不了，发给孩子对自己来说最安全，这种情况下孩子其实很委屈，又无法辩解。

由于我们成人对自我认知还有着很大的不足，毕竟我们初为人父母的年龄其实还正是需要学习成长的年龄，而我们以为自己有了孩子，我们的身份变了就可以直接升级为合格的父母了，这真是大错特错。我们从为人父母的那一刻起，才开始真正进入人生的自我成长阶段，才更应该通过和孩子的交流和互动中多学习、感受生活带给我们的成长机会,而不是停滞不前。

我们人生大致应该可以分为三个阶段,第一个阶段是依赖期,也就是我们从出生起一直依赖父母生活的阶段,有些人虽然大学毕业后离开了父母独自生活,甚至已经开始工作,但自己的人格还没有成熟并达到独立的状态,内心对父母还是一种依赖关系。这种例子很多,比如一次我在机场见到一位老人家,听口音是北方人,而他独自一个人在南方租房住,和老伴两地分居,老人家也并不适应南方气候。我不解问其原因,才知道老人家是为了照顾在香港工作的三十九岁的女儿,才独自搬到千里之外的南方,因老人家去不了香港,只能住在离香港关口最近的城市,每周和女儿相聚一次。以这种方式继续照顾女儿。所以依赖阶段不是到哪个时间点就自然结束,是需要内心真正的独立才可以真正走入第二个人生阶段,否则就会始终保持在依赖期的状态。这种依赖关系还会投射到自己身边的亲密关系或者职场上权威领导的身上。

第二个阶段是独立期,也就是我们真正从内心到外在都开始进入到独立自主的阶段,有独立思辨的能力,做自己的主人,也就是我们常说的"主人翁精神",父母的意见我们会作为参考意见之一,但不会言听计从,左右我们的决定。这个阶段我个人认为,从有了自己的孩子起,才能更快地学习与依赖期的分割,进入到独立人格的整合期,否则大多时候还是习惯内心依赖父母,不管年龄多大都很难脱离依赖期。

第三个阶段是合作期,就是我们真正形成独立人格之后,才有可能在家庭中或者工作中能够与他人建立完全合作关系。

有了孩子之后,是我们从依赖期进入独立期最好的学习过程。就像我刚才提到过的,我对自己发脾气有了一定的觉察后,才知道,自己发脾气并不真的是孩子的错,有时是对自己的不认可、不接纳,有时是积压了父母对自己情绪的委屈，有时是自己的无力感所引发的，这些都是自己未完成的"人生功课"，只是透过孩子这些问题能很好的被"看见"。但那瞬间，孩子却很无辜。

情绪是身体和自己"沟通"的方式，我们内在所产生的所有感受，都建立在我们对现实的解读之上。我们之所以快乐还是愤怒，都是因为我们对外在的事物感知和解读的反应。这就像疾病其实也是身体在和我们发出"沟通"的邀请一样，给我们提供了一个看到"自己怎么了"的途径。

当我看到这点后，会很后悔对孩子发脾气，事后虽然会向孩子道歉，但也不是长久之计，就好像是打孩子一巴掌又给颗糖，如果让道歉成为习惯，这样对于亲子关系没有任何好处。

记得看到过某位总统在儿时脾气不好，父亲就拿来一块板子，告诉他，只要自己发一次脾气，就在这个板子上钉一颗钉子。等这个板子上的钉子都钉满了之后，这位父亲当着孩子的面把这个板子上的钉子都卸下来，孩子看到了板子上留下的是累累伤痕，面目全非。

我不希望因为自己的原因在孩子身上留下这样的伤疤，而且有时自己未必是发火，可能表情很严肃或者看起来很不开心，这样的情绪状态一样会传递给孩子，让孩子认领成以为是自己的错造成妈妈的不开心。

为了避免因自己的过失伤害到女儿，我觉得有必要请女儿协助我去看见我的情绪并协助我控制，将自己情绪问题造成孩子的伤害降到最低。想到这里我叫来羽毛儿和雨点儿并和她们说："宝贝儿们，妈妈需要你们的帮忙。"

孩子们一听说万能的妈妈需要帮忙，可积极了，立刻靠在我身边，四只眼睛瞪得圆圆的很认真地看着我，竖起小耳朵，对于她们要肩负的责任可真是丝毫不怠慢呢。

我看到两个宝贝儿都围在我身边，清了清嗓子说："宝贝儿们，妈妈发现自己有时会情绪不稳定，也许是妈妈在外面遇到不开心的事情，或者说是妈妈自己的问题造成的，其实和你们无关，但回到家时，可能会因为你们的某个行为引起妈妈的烦躁，在这样的情况下，其实妈妈的情绪和你们的行为无关。还有的时候，确实是你们的问题，但妈妈也不想用发火的方式去处理，但妈妈不一定能控制得很好，所以呢妈妈想和你们做个约定，如果妈妈能看到自己的不开心，妈妈会提醒你们，如果妈妈做不到而发火了，但是这个火呢有时大、有时小，就好比有时像苹果那么大，有时像西瓜那么大……"我正努力地思考着如何来和孩子们比喻我愤怒的样子，没有想到两个孩子听到这里乐成了两朵花儿。

"哇，妈咪生气的时候原来会变出好吃的！"两个宝贝儿笑成一团，然后她们两个开始讨论自己喜欢吃什么水果，好让妈妈变出来给自己吃，已经不再继续我们的话题了。

一次，我刚进家门，两个宝贝儿一看见我，就半开玩笑地问我："妈咪，你现在的脾气是草莓呢，还是苹果呢？"我才意识到自己的脸上写了情绪符号。

然后两姐妹就开始相互说："妈咪现在的脾气是橙子，别让妈妈变出'榴莲'来，我们可不要吃，我们要乖一点儿，我们要让妈咪的情绪变成'草莓'，这样我们就可以真的有好吃的了！"

原来孩子笑归笑，所有的事情都记得很清楚呢，当听到她们这么说时，我就知道自己此时的表情是不开心的样子，而且可以从她们口中水果的品种来辨别我的情绪在她们眼里有多大，确实给到我提醒功能。而且，当听到孩子们这么可爱的话语时，自己的情绪也得到了舒缓，愤怒不起来了，这样可以很好地协助自己看看情绪是什么引起的，是自己的问题就及时地进行自我处理。如果真的是孩子的行为问题，此时我也能很冷静地去思考，要如何来表达我为什么对她们这个行为不满，我的顾虑和担忧是什么，而不会用发怒的方式去阻断，这样孩子也明白了为什么妈妈不让自己这么做的道理，她们觉得合理，自然会照做执行，有不明白的，我们也会一起探讨，甚至可以查阅资料来达成共识。

愤怒的阻断只有用在一个地方会比较合适，就是看到极其危险的行为，让孩子知道这个行为是完全不被允许的，可能触及生命危险等的状况。

当我们这个约定就这样不知不觉在家里开始执行之后，我发现不但我的情绪和脾气变好了，孩子也会效仿去觉察自己的脾气。

有一次，羽毛儿放学回来莫名其妙地很生气，刚说一句让她吃饭，她就很愤怒地说："烦死了！不吃！"然后就把自己关进了自己的房间。

过了大约半个多小时，她出来后找我说："妈咪，我今天在学校有个事情很烦，所以情绪不好，不是你让我吃饭的问题，但我控制不住我的情绪，我就把自己关进房间了，以后如果你看到我情绪不好的时候，就不要和我说话，让我直接先把自己关半个小时左右，我就可以好的。"

我明白，孩子这是在向我道歉，并且和我做约定。我摸摸她的头说："好呀！我明白你并不想和妈妈发火，是妈妈在不适当的时候干扰了你的情绪，妈妈下次也会先看看宝贝儿的情绪是什么'水果'后再说话。"

羽毛儿听到我这么说把眼睛挤成一条缝，夸张地笑着使劲点点头。

然后我问她是什么事情不开心，是否可以和妈妈分享。

羽毛儿很为难地说："当然可以和你分享，我正不知道怎么办才好呢。就是我的同桌上课总是想和我说话，如果我不和她说话，我觉得辜负了朋友，也不尊重她，可我要和她说话，又不能好好上课听讲，而且上课讲话本来就不好。今天她上课总想和我说话，我上课就会分神，弄得我课也没有听好,还左右为难,自己也没有办法,所以好烦。"说完脸上又浮起了一脸愁容。

我听完孩子的话后,没有批评她上课不认真,也没有指责她的朋友怎么那么不懂事儿,而是问她:"宝贝儿,我刚才在你的话中听到了一个关键词是尊重,我想问一下,你们上课说话的行为对老师来讲算是尊重吗?"

羽毛儿摇摇头说:"不尊重,老师讲课很辛苦,这不只是上课规矩的问题,还是对老师尊重的问题。"

我赞赏地看着羽毛儿说:"对呀,我看到你懂得尊重你的朋友,妈妈觉得这个很好,可你在尊重你朋友的同时忘了你们共同要尊重的老师。"

羽毛儿一下开心了起来说:"哦,我明白了,我应该看到老师是我们共同需要尊重的对象,比起这个来,我应该和我同桌讲明白,我很想尊重她,但她上课找我说话,那么我们两个就同时都不尊重老师了,我可以让她把想给我说的话写在纸条上,下课再告诉我,这样我们上课就可以不说话了,我也能专注地上课了。那妈咪,我下午上学早十分钟去,我提前和同桌把这些内容讲明,她可能也没有意识到这样的做法没有尊重老师,我要和她讲明白,这样我就不烦了。"说完儿羽毛儿愉快地吃饭去了。

如果我在孩子和我抛来"烦死了!不吃"这样的话后,就和孩子发火,指责孩子不懂事,自己那么辛苦为了什么等,那么后果可想而知,我也无法了解到孩子在学校里有什么困惑,并协助她解决。

孩子在我认清自己情绪的过程中也学会了自己想办法认清并处理自己的情绪,知道自己无法控制情绪的时候,就把自己先隔离一会儿,我问过羽毛儿把自己关在房间里的时候会做什么,她笑嘻嘻并神秘地和我说,保持深呼吸。

📝 高效陪伴
——如何活出孩子眼中的风景？

要教育好孩子，首先要保持拥有自己的生活，先要让自己活出孩子羡慕的样子。这不是自私地不管不问孩子，是要让孩子知道妈妈的人生，是一个积极、向往美好、饱满丰富的人生，是一个多姿多彩的人生，让孩子在心里种下"我也要活成妈妈的样子"，活出自己的品质生活这样的种子。

这样就会引领孩子向前走，而不是在孩子的背后推着孩子走。当你在孩子的心目中成了这样的偶像人物，教育孩子的路就会更加轻松和顺畅，那会自带磁铁的吸引孩子，走向一条自主发展的道路。孩子是我们为人父母的责任，自然是要尽自己心力。但我们不能用蛮力，而是要学会用巧劲。这个巧劲就是让孩子看到一个丰富精彩的家长生活，让孩子向往，并通过自己的努力去追随。

首先，要拥有自己的"闲暇时光"，做自己喜欢的事情。不要让所有烦乱的事物和压力剥夺了我们的幸福，让我们没有时间整理自己的思维和生出新的智慧。

其次，要让自己的生活有趣起来。闭上眼睛、深呼吸，让自己的身体放松去感受一下。如果你做什么事情能让你的内心得到喜悦、得到发自灵魂的满足，从这一刻开始，就把这个计划放入自己的生活中。

后记
AFTERWORD

平凡中的不凡

大学毕业时，莘莘学子们满腔热血要走入滚滚红尘前在彼此留言本上留下的赠言多是"平平淡淡才是真"。

那个时候，写上这句话，多是违心的，其实也根本不知道什么是平平淡淡，只觉得这句话很炫，显得自己不俗。

怀揣梦想的我们在生活的潮流中跌跌撞撞奔流不息，在一次次挫败中渐渐将梦想腐烂在身躯之中，过着平淡无奇的生活。

偶尔夜深人静或孤独时，才会隐隐感到心中有一只小船在深邃的黑暗中若隐若现，月光幽幽地映射出它的影子在期待着你去发现。

《月亮与六便士》里有这么一句话：我们用尽全力，过着平凡的一生。

是啊，相信我们每个人都很努力，都想拥有不凡的人生，但经历种种之后，终于臣服于生活的无奈。

我也曾幻想着终有一天，当经历种种不凡之后，可以写一本《岁月了无痕》来纪念自己的不凡。但经历过心酸苦楚之后，依然过着平凡如初的生活。那种"散是漫天星光，聚是一团火焰"的梦想渐渐失去了颜色，隐去了身影。

在寡淡无奇的生活中，我努力不辜负自己，争取着一切能活出自己心中模样的机会，不为别人期待的样子去妥协。

大学毕业时，父亲希望我留在身边做教师，说铁饭碗，保险。但我不想过从起点就能看到终点的一生，因此背上两套衣服就南下开始了自己的创业路。

离婚时，母亲觉得丢人，苦口婆心地劝我说：为了孩子也不要这么做。我说，正是为了孩子才更应该这么做，我给不了孩子一个完整的家，但我可以给孩子完整的爱。无法修复的感情生活，一样会影响孩子，我们为什么要自欺欺人、掩耳盗铃。

当面临关键时刻的挑战时，我没有选择"标准"答案，而是争取寻找属于自己的答案。

我带着孩子一起体验溜真冰、画油画、练歌房唱K，陪着她们一起闯进满满的世界，看着她们与未知一一相遇。

我给妈妈报了各种兴趣班：二胡、合唱、摄影、甚至模特班，让她能在晚年的时候享受学生的乐趣，并能登台展现自己的美。

我每年花一个月的时间开车自驾带妈妈和两个女儿行走在山水间，让她们更多的去感受大自然的温婉，去丈量天地的宽广和历史的厚重。

渐渐我开始明白，在我的生命中，因不断主动选择而做了自己的主人。我用自己的方式去面对平凡事，这，是我的不凡。

这让我内心升起了力量，对自己有了更多的信任，也让我有了更多的勇气去面对未知的无常事。

在我的世界中，不凡不是拥有多少财富和拥有多少知名度，而是每当需要抉择的时候，我都能摸着胸口说：这是我的选择。

面对未知，逃避是人们的正常反应，那是我们面对不确定事情的防御，开启这个防御之门的钥匙叫：不甘心。

路遥在《人生》中写道：生活总是这样，不能叫人处处都满意，但我们还要热情地活下去。也是这本书，曾经唤醒了高考落榜的马云，又踏上了不甘心的路，成就了不凡的自己。

曾无意中听到妈妈说她有个梦想：有天可以学习二胡，并登上舞台，那年她已快70。在妈妈黯然神伤的眼神中，我读到了渴望和不甘心。那年，我托人专门私人订制了一把刻着那个年代最知名的二胡演奏家名字赠与妈妈字样的二胡，作为生日礼物送给了她。

妈妈收到这个生日礼物开心得像个孩子，我看到她眼中的光和心中开放的花儿。她双手不停地抚摸着二胡，好像久别重逢的亲人。

从那天起，妈妈所有碎片的时间里都装满了二胡声，她全神贯注、心无旁骛、摒除杂念，全身心地投入到了二胡中去。

中国的民乐有其独特性，尤其二胡就一根琴弦，旋律完全要靠耳朵听，这对于没有任何乐理知识的妈妈来说实属不易，但她没有动摇过。

功夫不负有心人，在妈妈学习二胡的第二年，她被选去参加一个百人二胡团的表演，并且她通过竞选竟然以第一名的成绩成为了这个团的领奏！

表演那天，妈妈盛装出席，坐在化妆台前细细描眉，宛若要出嫁的姑娘。登上舞台的她，坐在百人团的前排，神情自若，信心满满，动作娴熟地领奏着，脸上洋溢着幸福的喜悦……

妈妈在所谓人生七十古来稀的日子里成就了自己儿时的梦想，展现了自己的不凡。

拿回自己的选择权，虽然可能依然平凡，但一定不会平庸。至少在人生走到尽头的那天回顾过往，你不后悔。

布罗妮·瓦尔专门照顾生命仅余12周的病人，并将病人弥留之际的顿悟记录了下来。她总结的人生五大憾事是：

1. 我希望能够有勇气活出真正的自己，而不是按别人的期待生活。

2. 我希望自己工作别那么努力。

3. 我希望能够有勇气表达自己的感受。

4. 我希望我能与朋友们保持联系。

5. 我希望能让自己更快乐。

是啊，要想让自己的人生不留遗憾，要时刻审视自己的人生。看看每次做出重要的决定，是否都出于自己的本心，还是为了讨他人的欢心？我们是把自己妥协出去了，还是做了自己该做的事情。

也许终其一生我都很平凡，但毫无遗憾的是，这平凡路上的每个脚印里都留下了我的故事，也许这故事看起来并不顺畅，也不绚烂，但足够真实。